PLAY THE THIRTY YEARS WAR 1618-1648

GIOCA A WARGAME ALLA GUERRA DEI 30 ANNI

LUCA STEFANO CRISTINI - GIANPAOLO BISTULFI

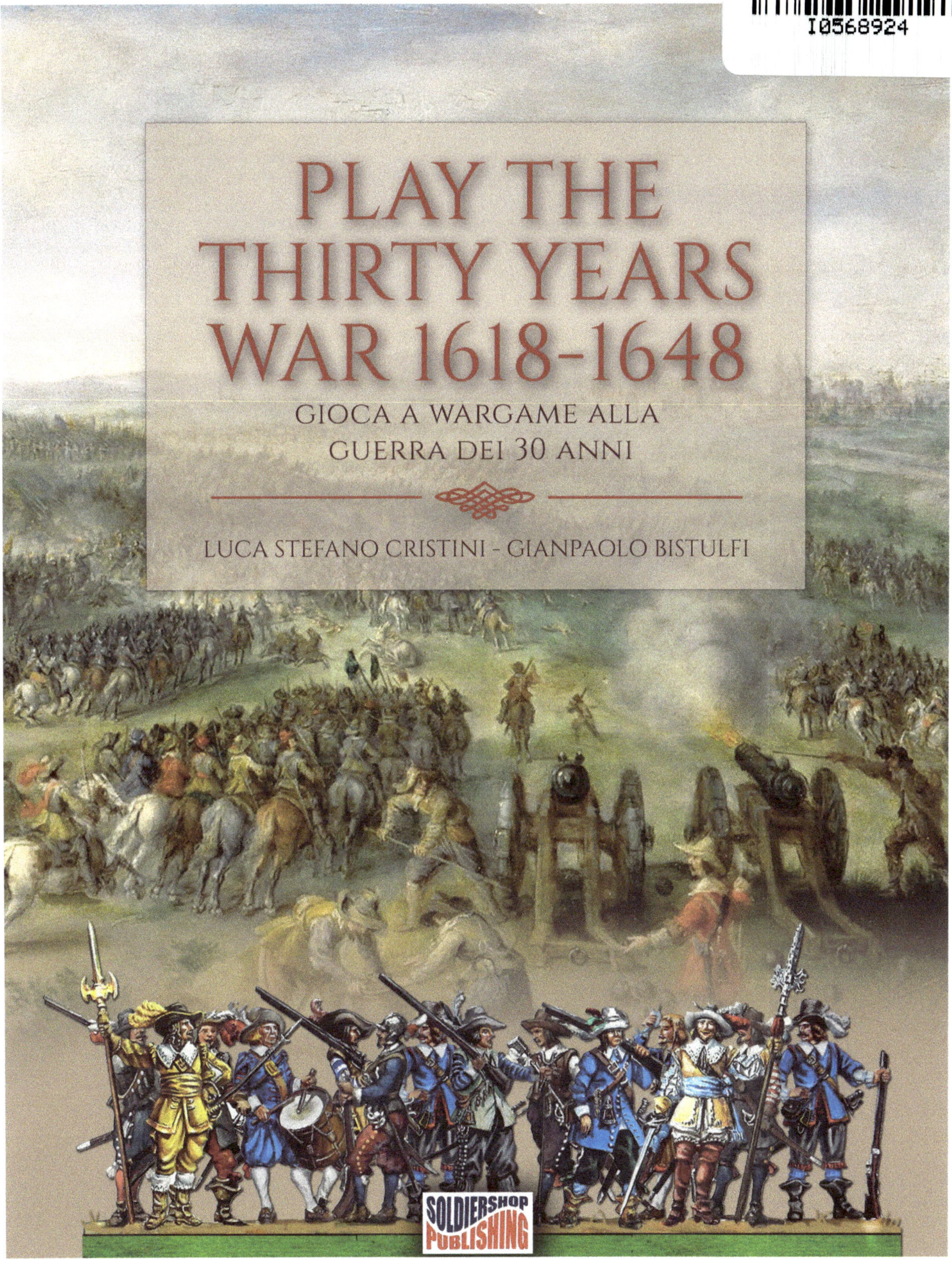

SOLDIERSHOP PUBLISHING

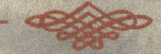

AUTHORS

Luca Stefano Cristini has edited various publications on ancient and contemporary historical themes, including a great work on five volumes about the Thirty Years War and many others on Medieval and Napoleonic period, as well as several illustrated books with historical color photographs. He's also in charge for all the brands of Soldiershop Publishing.

Luca Stefano Cristini, storico e divulgatore da sempre di storia militare. Ha diretto per diversi anni riviste nazionali specializzate di carattere storico e uniformologico. Ha pubblicato un importante lavoro, recentemente ristampato su 5 volumi, dedicato alla Guerra dei 30 anni (1618-1648), il primo mai stampato in Italia sull'argomento. L'autore ha oggi al suo attivo molti titoli delle collane Soldiershop, Bookmoon e Museum sia in qualità di autore che di illustratore.

Gianpaolo Bistulfi was born in Milan where he lives and works. He has always had a passion for drawing and painting. In 1987, he discovered the world of flat soldiers, virtually unknown in Italy. Gianpaolo has dedicated himself to making the world of flats known in Italy: he has created a very extensive website on the subject; he has written and still writes articles for specialized magazines in Italy, Germany and England; he has collaborated in the publication of some books, providing photos of the figures of his wide collection of flat figures. His collection is one of the most important in the world.

Gianpaolo Bistulfi è nato a Milano dove risiede e lavora. Laureato in Ingegneria elettrotecnica al Politecnico di Milano, ha sempre avuto una passione per il disegno e la pittura. Nel 1987, scopre il mondo dei soldatini piatti, all'epoca poco conosciuti in Italia. In breve diventa uno dei massimi artisti di riferimento mondiale nella colorazione e raccolta di soldatini piatti. La sua collezione è da annoverare fra le più grandi del mondo. Ha contatti con tutto il gotha di artisti e produttori di zinnfiguren e gestisce un blog molto seguito.

PUBLISHING'S NOTE

ACKNOWLEDGEMENT - RICONOSCIMENTI:

A special acknowledgement goes to our master paper kraft Giuseppe Cristini, expert author of all the "clippings" and assembly of our kits and buildings. We also thank all the artists of flat painted soldiers not mentioned of the models belonging to the authors' collections. Thanks to Lorenzo Sartori, editor of Italian wargame magazine Dadi&Piombo, and Riccardo Affinati inventor of Rasenna wargame rules for his important contributions. Last, a thank to Anna Cristini, author of the assembly of all the figures' stands.

Uno speciale riconoscimento va al nostro master paper kraft Giuseppe Cristini, esperto autore di tutti i "ritagli" e montaggi dei nostri kit ed edifici. Un ringraziamento va anche a tutti gli autori di soldatini piatti dipinti non citati dei modelli appartenenti alle collezioni degli autori. Un grazie sentito a Lorenzo Sartori, direttore di Dadi&Piombo e Riccardo Affinati ideatore di Rasenna wargame rules per il loro prezioso contributo e per la loro disponibilità. Infine, un grazie ad Anna Cristini autrice del montaggio degli stand dei figurini.

Title: **Play the Thirty years war 1618-1648 - Gioca a wargame alla guerra dei 30 anni**
By Luca Stefano Cristini & Gianpaolo Bistulfi
Serie Paper Battles&Dioramas edit by Luca S. Cristini. First edition by Soldiershop series. December 2019
Cover & Art Design: Luca S. Cristini. ISBN code: 978-88-93275200
Published by Luca Cristini Editore, via Orio 35/4- 24050 Zanica (BG) ITALY. www.soldiershop.com

PLAY THE THIRTY YEARS WAR 1618-1648
GIOCA A WARGAME ALLA GUERRA DEI 30 ANNI

PREFACE

Project made possible by the great and beautiful collection of Gianpaolo Bistulfi, who in many years of modelling career has personally painted thousands of toy soldiers. Now these soldiers will be at your disposal to obtain, with little effort, entire armies of battalions of infantry, squadrons of cavalry, batteries of cannons, houses and buildings, trees and much more material needed to create the scenes of your battle. We also explain tricks and modes for a good assembly of the pieces, as well as the official rules for playing wargame.

In the books there are also rich and detailed sceneries to play, which faithfully reproduce maps of battles and positions of armies of the past, to make it all more akin to the history and therefore enormously more interesting.

All in 50 pages full of hundreds of soldiers supplied in the standard scale of 25/28mm that you can, for personal use only, photocopy on thicker cardboard and thus get armed with the desired size. Always acting on the printing you can, enlarging or on the contrary reducing the scale, get toy soldiers in other scales from 10mm to 30mm!

Obviously we remind you that any commercial use is forbidden as the copyright remains the property of Soldiershop. Given the low cover price of our volumes it may be cheaper for you to get the toy soldiers directly from our books, you have the choice!

We have several new titles in working for our new series, destined in the short term to present an increasing number of sceneries, battles or dioramas. Follow us on our website www.soldiershop.com, on our Facebook page (Paper Battles&Dioramas) and on our YouTube channel (Soldiershop Publishing). Soon we will add free content that will allow you to enrich and improve your armies. So what are you waiting for? Wear the general commander's shoulder pads, equip yourself with a capable table, a practical ruler to measure, a pair of dice and get ready to lead hundreds or thousands of armed in epic and exciting battles of history.

Have fun!   Luca Cristini

PREFAZIONE

Progetto reso possibile dalla grande e bellissima collezione dell'amico Gianpaolo Bistulfi, che in tanti anni di carriera modellistica ha dipinto personalmente migliaia di soldatini. Ora questi soldatini saranno a vostra disposizione per ottenere con poca fatica intere armate di battaglioni di fanti, squadroni di cavalleria, batterie di cannoni, case ed edifici, alberi e tanto altro materiale necessario per creare le scene della vostra battaglia. Spieghiamo inoltre trucchi e modalità per un buon montaggio dei pezzi, così come forniamo le regole ufficiali per giocare a wargame.

Inoltre nei libri sono presenti ricchi e dettagliati scenari da giocare, che riprendono fedelmente mappe di battaglie e diposizioni di eserciti del passato, per rendere il tutto più affine alla storia e quindi enormemente più interessante.

Il tutto in 50 pagine fitte di centinaia di soldati forniti nella scala standard di 25/28mm che potrete, per solo uso personale, fotocopiare su cartoncino più spesso ed ottenere così armate delle dimensioni desiderate. Sempre agendo sulla stampa potrete, ingrandendo o al contrario riducendo la scala, ottenere soldatini in altre scale da 10mm a 30mm! Resta proibito qualsiasi uso commerciale in quanto il copyright rimane proprietà esclusiva di Soldiershop. Dato il contenuto prezzo di copertina dei nostri volumi potrebbe essere più conveniente per voi ricavare i soldatini direttamente dai nostri libri, a voi la scelta!

Abbiamo in cantiere diversi titoli per la nostra nuova collana, destinata nel breve a presentare un numero sempre maggiore di scenari, battaglie o diorami. Seguiteci sul nostro sito www.soldiershop.com, sulla nostra pagina Facebook (Paper Battles&Dioramas) e sul nostro canale YouTube (Soldiershop Publishing). A breve aggiungeremo anche contenuti free che vi consentiranno di arricchire e migliorare i vostri eserciti. Quindi cosa aspettate? Indossate le spalline da generale comandante, dotatevi di un capace tavolo, un pratico righello per misurare, un paio di dadi e preparatevi a guidare centinaia o migliaia di armati in epiche e appassionanti battaglie della storia.

Buon divertimento!   Luca Cristini

HOW TO ASSEMBLE YOUR PAPER ARMY AND YOUR DIORAMAS
COME MONTARE LA VOSTRA ARMATA DI CARTA E I VOSTRI DIORAMI

In order to create numerous armies, you can directly use our toy soldiers or, alternatively, photocopy them (only and exclusively for personal use, any other right is excluded). Our sheets have a size of 8x10 inches, (20.3 x 25.4 cm). Our toy soldiers are from 25 mm to 28 mm high. If you want to obtain toy soldiers on a different size from the one provided, you must either reduce them or, on the opposite, enlarge them in scale. We recommend using professional or service copiers that certainly offer better print quality. Our bases come in multiple sizes or fractions of 4 cm long by 2 cm wide (sometimes 1 cm, as with single artillerymen, bushes, accessories etc.). The average length of the cavalry is 8 cm, while for infantry it is 4, 8 or 12 cm. Command or flag sections come in 4 cm bases. The bases for artillery are 4x4 cm.

Uniforms in the first half of the 17th century were not coded, they were dressed, it is said, to the bourgeoisie with hats, trousers and tunics of various colors: brown, grey, green, etc... Therefore, as far as possible, mark the armies in order to recognize and separate them (in many cases they are already indicated by the country of origin). If you are skilled you can also easily recolor some parts of the tunics and clothing with markers or with acrylic colors, and a brush in the case of dark colors bases.

We recommend using 80 or 100 grams of cardboard, not thicker otherwise you will have some difficulty when cutting, and that's the optimal

Per favorire la creazione di eserciti numerosi potete utilizzare direttamente i nostri soldatini o in alternativa fotocopiarli (esclusivamente per uso personale, ogni altro diritto è escluso). I nostri fogli sono nel formato 8x10 pollici (20,3 cm x 25,4 cm). I soldatini hanno un'altezza variabile da 25 mm a 28 mm. Se si vogliono ottenere soldatini in scala diversa da quella fornita basterà ridurli o ingrandirli in scala. Consigliamo di utilizzare fotocopiatrici professionali, o service, che certamente offrono una migliore qualità di stampa. Le basi sono hanno misure multiple di 4 cm di lunghezza per 2 cm di altezza (1 cm nel caso di artiglieri singoli, cespugli, accessori ecc.). La lunghezza media della cavalleria è 8 cm, mentre per la fanteria si usano 4, 8 o 12 cm. Per le sezioni comando o bandiera, o comandante, la base è di 4 cm. Per l'artiglieria sono 4x4 cm.

Le uniformi nella prima metà del XVII secolo non erano codificate, ci si vestiva per cosi dire alla borghese con cappellacci, pantaloni e tuniche di diversi colori: marroni, grigi, verdi... Quindi marchiate le armate in modo da riconoscere i diversi eserciti (in molti casi sono già indicati per nazione di appartenenza). Se siete abili potete anche ricolorare facilmente alcune parti delle tuniche e del vestiario con pennarelli nel caso di fondi di colore chiaro, o con colori acrilici e un pennellino nel caso di base con colori scuri.

I nostri kit di soldatini ed edifici sono generalmente facili da montare. Consigliamo di utilizzare cartoncini

Paper sheets - I fogli coi modelli

weight once the glue dries. For what concerns the glue you have many possibilities, it just depends on your experiences, Vinylic, UHU or glue stick are always indicated. As you can see, our toy soldiers are printed on both sides. This is not a real front and back, as we have chosen to show soldiers moving from right to left or vice versa and rarely in front. However, the result is superb. Each group is generally divided by a thin line that indicates the exact position in which the paper should be folded, perhaps with the help of a ruler, and then glued so to match the two parts, except the bases that should be folded 90 degrees outward. Once the glue is completely dry, weld the two semi-bases onto a heavier cardboard

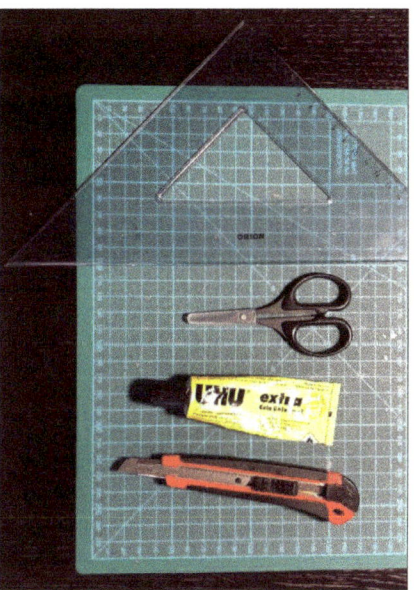

Tools & glue - Atrezzi e colla

that gives the base its solidity. If you want you can also glue some synthetic grass to the base for an even more realistic effect. In this case we suggest to apply a thin layer of vinyl glue and pour the synthetic grass until it is welded, then blowing away the excess. Once the whole thing is fixed, we must proceed to cut the "white" parts that surround the soldiers and their weapons or flags. Use scissors or cutters for this, depending on the part you have to work with. Also remember to pay attention to the formation of units, following the instructions given in the chapter of tactics or scenarios attached to the book. Therefore, make a number of commanders, generals, command sections and flags proportional to the battalions, squadrons or batteries of cannons of which your army is formed. On the cannon bases remember to put an appropriate number of artillerymen (with base 1 cm).

Making 3D models

In our sheets we offer the possibility of making artillery pieces or carriages in 3D format. If you are not interested we also provide some solutions with "flat" models as the toy soldiers themselves. All models in 3D give a whole different look to the scene or to the diorama you create. They are obviously a bit more complex to assemble but with time you will certainly learn to overcome this obstacle. The greatest difficulties, as well as with the buildings, are with the cannons and wagons. Here you simply have to proceed step by step, welding all the parts stamped in duplicate: cutter, wheels, etc... For the canes of the cannons, use a bodkin or a nail of a certain thickness and roll

di 150/200 grammi per metro, non più spessi altrimenti sarà più complicato tagliare tutto quanto, e in ogni caso quel peso è l'ideale una volta asciugata la colla. Per quanto riguarda il collante avete molte possibilità, Vinavil, UHU o colle stick sempre pratiche. I nostri soldatini sono stampati su due lati. Tuttavia non si tratta di un vero e proprio fronte retro, dato che abbiamo scelto di mostrare soldati in movimento da destra a sinistra o viceversa e raramente di fronte. In ogni caso il risultato è comunque superbo. Ogni gruppo è generalmente diviso da una sottile linea che indica la esatta posizione in cui la carta va piegata, magari aiutandosi con un righello, e poi incollata in modo da far combaciare le due parti, ad eccezione delle basi che invece vanno piegate di 90 gradi verso l'esterno. Una volta secca la colla saldiamo le due semi basi su un cartoncino più pesante per conferire solidità alla base. Volendo potremmo anche incollare dell'erba sintetica da modellismo alla base per un effetto ancora più realistico. In questo caso suggeriamo di stendere un leggero velo di colla vinilica e versare a pioggia l'erba sintetica finche si salda, soffiando poi via l'eccesso. Una volta saldato il tutto si procederà a tagliare le parti "bianche" che circondano i soldatini e le loro armi o le loro bandiere. Utilizzate per questo forbici o cutter a seconda della pratica che avrete sviluppato. Ricordate anche di prestare attenzione alla formazione delle unità, seguendo le indicazioni fornite nel capitolo delle tattiche o degli scenari allegati nel libro. Pertanto realizzate un numero di comandanti, generali, sezioni comando e bandiere proporzionale ai battaglioni, agli squadroni o alle batterie di cannoni da cui è formato il vostro esercito. Sulle basi dei cannoni incollate un numero adeguato di artiglieri (a base 1 cm).

Realizzare modelli in 3D

Nei nostri fogli offriamo sempre la possibilità di realizzare pezzi d'artiglieria, carriaggi, carrozze anche in formato tridimensionale, fornendo ugualmente anche alcune soluzioni con modelli "piatti" come i soldatini stessi. Tuttavia i modelli in 3D conferiscono tutto un altro aspetto alla scena o al diorama. Sono ovviamente procedimenti un po' più complessi, ma con il tempo imparerete certamente a superare anche questo ostacolo. Le maggiori difficoltà, oltre che con gli edifici, si avranno con i cannoni e con i carri. Qui dovrete semplicemente procedere passo a passo,

the rod until you have the desired caliber, then close the ends with the drawings of the breech and the mouth of the cannon. Once the glue has dried, it is time to add the metal rims to the wheels of the cannons and the bands to the frames. Then assemble the piece with the various parts of which it is composed: the shaft, the connecting axes, the wheels and the barrel of the cannon. Finally, the ammunition box. In the same way, proceed to assemble the wagons. For the towing you can decide, if the design of the subject allows it, to make two lines of horses that pull the pieces or wagons. In this case, you should reduce the internal width of the bases of the horses, so to appear proportionate to the piece or wagon that they will have to pull.

For artillery gabions, you will find models in two or three dimensions. In the case of the 3D, roll up the gabion until it matches the two extremes. Glue the white tab, then proceed to insert the cover from above and weld everything on the base to the ground, slightly wider.

Build trees & accessories for dioramas

The process is quite simple. It is better to use slightly thicker cards in this case, avoiding vinyl glues that with their watery base would make the assembly a bit complicated. Given the almost total presence of straight lines, the buildings should be cut with ruler and cutter. We always suggest to use new blades and to cut the lines several times, considering the thickness of the cardboard. Once the walls and perimeters have been cut, proceed to fold all the white tabs 90°. Once obtained the corners you will then proceed to fix the various parts to the white tabs. The diagrams provided in the various pages will certainly help you to understand how to proceed in the assembly. Once the structure is assembled, add all the details such as windows, doors, recesses, etc... Finally, to make the building balance, draw wider base. You can colour the visible part of this base in ground colour and the building is ready. For trees and vegetation proceed in the usual way of toy soldiers and bushes in 2D. Otherwise you can use the same design several times to create trees on three or even four faces in perfect 3D style!

saldando prima di tutto tutte le parti stampate in doppio: affusto e ruote. Per le canne dei cannoni munitevi di un punteruolo o di un chiodo di un certo spessore, e arrotolate la canna fino ad ottenere il calibro desiderato; chiudete poi le estremità con i disegni della culatta e la bocca del cannone. Una volta secca la colla è il momento di aggiungere i cerchioni in metallo alle ruote dei cannoni, e le fasce agli affusti. Assemblate poi il pezzo con le varie parti di cui è composto: affusto, assi di congiunzione, ruote e canna del cannone. Infine la scatola delle munizioni. Allo stesso modo procedete nel montaggio dei carriaggi. Per i traini potete decidere, se il disegno del soggetto ve lo consente, di fare due linee di cavalli che trainano i pezzi o i carri. In questo caso abbiate cura di ridurre la larghezza interna delle basi dei cavalli da tiro in modo da apparire proporzionati al pezzo o al carro che dovranno trainare.

Per i gabbioni d'artiglieria, anche qui avrete a disposizione modelli a due o tre dimensioni. Nel caso del 3D, arrotolate il gabbione fino a farlo combaciare con le due stremità. Incollate la linguetta bianca, poi procedete ad inserire il coperchio dall'alto e a saldare il tutto sulla base a terra, leggermente più larga.

Costruire edifici, alberi e accessori per i diorami

Il procedimento è abbastanza semplice. È meglio utilizzare in questo caso cartoncini leggermente più spessi, evitando colle viniliche che con la loro base acquosa renderebbero il montaggio un po' complicato. Vista la pressoché totale presenza di linee dritte, gli edifici vanno ritagliati con righello e cutter. Consiglio di usare sempre lame nuove e di incidere più volte le linee, visto lo spessore del cartoncino. Una volta tagliate le pareti e i perimetri, procediamo alla piega di tutte le linguette bianche di 90 gradi. Ottenuti gli angoli andranno fissate le varie parti alle linguette bianche. Gli schemi forniti nelle varie pagine vi aiuteranno

Enrave and cut - Incidi e taglia

senz'altro a comprendere come procedere nell'assemblaggio. Una volta montata la struttura aggiungete tutti i particolari come finestre, porte, abbaini e rientranze. Infine, per stabilizzare il tutto, disegnate una base dalla larghezza appena superiore a quella dell'edificio. Potrete colorare la parte visibile di questa base in color terra e l'edificio sarà pronto. Per alberi e vegetazioni procedete nella solita maniera dei soldatini bidimensionali. Altrimenti poterete usare più volte lo stesso disegno per creare alberi su tre o anche quattro facce in perfetto stile 3D!

THE BLOODY THIRTY YEARS WAR 1618-1648
LA SANGUINARIA GUERRA DEI 30 ANNI 1618-1648

The term Thirty Years War refers to the conflicts fought between 1618 and 1648, in which all the powers of continental Europe were involved. The initial causes of the war are linked to the tensions in the countries of central Europe after the Lutheran reform and the peace of Augsburg in 1555. These motivations will soon be addressed by more purely political and national issues, and in any case its consequences will be fundamental for the future not only of Europe but of the entire planet. On a military level, with the Thirty Years War, the way of fighting changed radically, so did the techniques of warfare and the formation of militias, which turned from mercenary troops into regular armies. Tactics and strategy were refined and modernized for a restless and complex policy, leading to a new political and religious order in Europe, with a clear division not only between Catholic and Protestant countries, but also between the great nations that were then consolidated. During the war the armies fought in massive and slow formations called Tercios. They were a large group of pikemen with a small number of musketeers at the corners. During the battle the Tercios loaded the enemy formations and fought until the enemy collapsed. King Gustav of Sweden changed everything, introducing revolutionary tactics based on smaller formations that emphasized movement and firepower rather than brute force. The genius of his innovations found its triumph in 1631 in the Battle of Breitenfeld, when the Swedish army defeated the largest imperial army led by the old Tilly, the old style prince...

Con il termine Guerra dei Trent'anni vengono definiti i conflitti combattuti tra il 1618 e il 1648, in cui furono coinvolte tutte le potenze dell'Europa continentale. Le cause iniziali della guerra sono legate alle tensioni presenti nei paesi del centro Europa dopo la riforma luterana e la pace di Augusta del 1555. A queste motivazioni presto faranno posto questioni più squisitamente politiche e nazionali, in ogni caso le sue conseguenze saranno fondamentali per il futuro non solo dell'Europa ma dell'intero pianeta. Sul piano militare con la Guerra dei Trent'anni cambia radicalmente, il modo di combattere, cambiano le tecniche di guerra e la formazione delle milizie, che da truppe mercenarie si trasformano in eserciti regolari. La tattica e la strategia si affinano e si modernizzano al servizio di una politica inquieta e complessa, con il risultato di giungere a un nuovo assetto politico e religioso dell'Europa, con la divisione netta non solo tra paesi cattolici e paesi protestanti, ma fra le grandi nazioni che allora si consolidarono. Durante la guerra gli eserciti combatterono in massicce e lente formazioni che si chiamavano Tercios. Il Tercio consisteva in una grande formazione di picchieri con piccole formazioni di moschettieri agli angoli. Durante la battaglia i Tercios caricavano le formazioni nemiche e combattevano fino a ottenere il crollo del nemico. Il re Gustavo di Svezia cambiò tutto, introducendo tattiche rivoluzionarie che si basavano su formazioni più piccole che enfatizzavano il movimento e la potenza di fuoco anziché la forza bruta. Il genio delle sue innovazioni trovò il trionfo nel 1631 nella battaglia di Breitenfeld quando il suo esercito svedese sconfisse clamorosamente il più grande esercito imperiale comandato dal vecchio Tilly, il principe del vecchio stile....

RULES FOR THE GAME OF THE THIRTY YEARS WAR 1618-1648

The soldiers: those provided in our book are in a 25/28 mm (1/72) scale. You can play wargames with soldiers of different sizes. The choice depends on the player's preferences: the bigger the miniature, more details are required. The scales usually used for wargame are: 15 mm, 20 mm and 25/28 mm. Acting on the scale of the copier you can easily set the figures in the other sizes of 20 mm or 15 mm. The toy soldiers are placed on bases of 4, 8 or 12 cm. In some cases they are on a base of 2 cm(crews of guns, tank drivers, etc.) while rarely they stay on a base of 6 cm. If you choose different measures, make sure to calculate the size indicated in the rules accordingly.

Each 8 cm cavalry base includes 4 to 6 units (toy soldiers). The command base includes 1 or 2 units. Each 12 cm long infantry base counts from 12 to 25 units. The infantry base generally has 4 units. Commanders and single flags count one unit. Each artillery base has one gun and 3 to 5 units. The same applies to wagons.

Formations: cavalry units are deployed on 6 squadrons (two lines of 3). Imperial Tercios are composed of large squares of spades with 4 smaller groups of musketeers at the corners. Swedish and Dutch battalions have pikes in the middle with 2 smaller wings of musketeers at each end. Swedish musketeers also had 4 group formations on two lines. The Protestant formations used imperial tactics in the first years of the war and then moved on to the Swedish-Dutch formations, which all the others will adapt to over time, except the Spaniards who will remain faithful to the Tercios much longer. The artillery was placed in front of the infantry lines or their wings, while the cannons of the 17th century was given the honor of starting the battle with the preliminary fire.

Deployment: the armies of the time generally sided with infantry in the middle and cavalry on their wings. Five to ten cannons per army were placed in the front line.

Game sequence:
Roll of dice to know who has the right to move first. Only six-sided dice are used in the game.
Preliminary Bombardment (player A and B)
1. Movement of the first player's soldiers (A)
2. Player A shoots
3. Movement of the second player's soldiers (B)
4. Player B shoots
5. Melee

Preliminary Bombardment: before starting the battle, both sides can bomb the enemy with their own cannons. Players alternately roll two dice for each cannon. Shots are considered to be targeted with a result of 5 or 6. Each useful shot (5 or 6) is equivalent to a hit enemy, always chosen

REGOLE PER IL GIOCO DELLA GUERRA DEI 30 ANNI 1618-1648

I soldatini: quelli forniti nel nostro libro sono nella scala in 25/28mm (1/72). A wargame si può giocare con soldatini di diverse dimensioni. La scelta, ovviamente, dipende dai gusti del giocatore: più la miniatura è grande e maggiori sono i dettagli richiesti. Le scale solitamente usate per il wargame sono: il 15mm, il 20mm, il 25/28mm. Agendo sulla scala della fotocopiatrice potrete facilmente quindi scalare le figura anche nelle altre misure di 20 o 15mm. I soldatini sono posti su basi di 4, 8 o 12 cm. In alcuni casi sono su base di 2 (equipaggi dei cannoni, conducenti carri ecc.) in altri rari casi su basi di 6 cm. Nel caso scegliate misure diverse, calcolate le misure indicate nelle regole di conseguenza.

Ogni base di cavalleria 8cm conta da 4 a 6 unità (soldatini). La base comando 1 o due unità. Ogni base di fanteria lunga 12cm conta da 12 a 25 unità. la base comando di fanteria generalmente su 4 unità. Comandanti e bandiere singole contano una unità. Ogni base di artiglieria conta un cannone e da 3 a 5 unità. Idem per i carriaggi.

Formazioni: le unità di cavalleria si schierano su sei squadroni (due linee di tre). I Tercios imperiali sono composti da grossi quadrati di picche con quattro raggruppamenti più piccoli di moschettieri posti sugli angoli. I battaglioni svedesi e quelli olandesi hanno formazioni di picche al centro con due ali più piccole di moschettieri ad ogni estremità. I moschettieri svedesi si presentavano anche con in formazioni di quattro gruppi su due linee. Le formazioni protestanti usarono le tattiche imperiali nei primi anni della guerra per passare poi alle formazioni svedesi-olandesi, formazioni alle quali si adegueranno nel tempo anche tutti gli altri meno gli spagnoli che rimarranno fedeli al tercio molto più a lungo. Le artiglierie erano poste davanti alle linee delle fanterie o alle loro ali, ai cannoni del seicento era dato l'onore di iniziare la battaglia con il fuoco preliminare.

Schieramento : Gli eserciti del tempo si schieravano generalmente con la fanteria nel mezzo e la cavalleria alle ali. Da cinque a dieci cannoni per esercito erano piazzati in prima linea.

Sequenza di gioco:
Tiro di dadi per sapere chi ha diritto a muovere per primo. Nel gioco si utilizzano solo dadi a sei facce.
Bombardamento preliminare (giocatore A e B)
1. Spostamento dei soldatini del primo giocatore (A)
2. Spari del giocatore A
3. Spostamento dei soldatini del secondo giocatore (B)
4. Spari del giocatore B
5. Mischia

Bombardamento preliminare: prima dell'inizio della battaglia entrambe le parti possono bombardare il nemico

from the infantry. If the formation is larger players will have to mark the losses each time, and when they reach the total number of soldiers present, all the formation is removed from the battlefield. Each player in alternate turns rolls the dice three times for each cannon. The preliminary bombardment phase ends once the battle has begun.

Movement: all knights and commanders move 24 cm (10"), infantry moves 12 cm (5"), Imperial and Spanish Tercios move 6 cm (2.5"). Cannons can move 4 cm (1.5").

Shooting: cavalry can fire within a radius of 8 cm (3"), roll a dice for each formation of 5/6 knights (based on 8 cm) and calculate an enemy loss for each dice with a result of 5 or 6. Musketeers can fire at 24 cm (10"). Swedish Musketeers roll two dice for each formation (8 to 12 men), all other Musketeers roll one dice for each similar formation, and they both count an enemy loss for each dice they roll (5 or 6). Pikemen cannot fire and therefore they are not counted for fire. If any unit in a formation is within range, all musketeers in the formation can fire. Cannons can always fire one dice per cannon, always hitting only with a 5 or a 6 per cannon, but they cannot fire close to friendly units unless they have a space of at least 8 cm (3"). Once a unit has fought a melee turn, it cannot fire until the melee is over.

Melee: if two opposing units come into contact, they must fight in melee. All men of all ranks take part in the scrum. Roll one dice for each musketeer support and two dice for each pikemen or cavalry support. The valid rolls are always those that score 5 or 6, and they are entitled to remove an enemy loss as explained above. During the melee, do not roll the dice alternately but simultaneously. If both armies still have combat-capable supports, they remain stuck in the melee and cannot move or shoot. Survivors will fight again in the next scrum phase. Cannon crews do not fight for their cannon, the crew is automatically removed if they are approached by an infantry or cavalry enemy unit. The enemy can then assign infantry or artillery support to activate the captured cannon. The captured cannon can fire only one dice in the firing phase, but it can no longer be moved.

Commanders: commanders are represented by individual cavalry figures or in a command stand with flag. They may join a unit to help them during a melee. A unit working with the commander rolls two more dice in the scrum phase. However, commanders in a melee risk becoming victims. In these cases, the opponent can roll a die after the melee rolls, and if he gets a 6, the opponent's commander can be eliminated. This is the only way to eliminate a commander from the game, in all other cases they can neither be hit nor attacked in melee if they are not with a normal unit.

con i loro cannoni. I giocatori a turno tirano due dadi per ogni cannone. I colpi sono considerati a bersaglio con risultato di 5 o 6. vengono segnati su un tiro di 5 o 6. Ogni colpo utile (5 o 6) equivale a un nemico colpito, sempre scelto fra la fanteria, se la formazione è più grossa i giocatori dovranno segnare le perdite di volta in volta, quando esse raggiungono il totale dei soldati presenti, tutta la formazione viene rimossa dal campo di battaglia. Ogni giocatore a turni alternati tira i dadi per tre volte per ogni cannone. La fase di bombardamento preliminare cessa dopo l'inizio della battaglia.

Movimento: tutti i cavalieri e i comandanti si muovono di 24 cm (10"), la fanteria si muove di 12 cm (5"), i Tercios imperiali e spagnoli si muovono di 6 cm (2,5 "). I cannoni possono muovere di 4 cm (1,5").

Tiro: la cavalleria può sparare in un raggio di 8 cm (3 "), tirare un dado per ogni formazione di 5/6 cavalieri (su base 8) e calcolare una perdita nemica per ogni dado con risultato 5 o 6. I moschettieri possono sparare a 24 cm (10"). I moschettieri svedesi tirano due dadi per ogni formazione da 8 a 12 uomini), tutti gli altri moschettieri tirano un dado per ogni formazione simile, entrambi conteggiano una perdita al nemico per ogni dado che ottiene 5 o 6. I picchieri non possono sparare e quindi non vendono conteggiati per il fuoco. Se qualsiasi unità in una formazione è nel raggio di azione, tutti i moschettieri nella formazione possono sparare. I cannoni possono sempre sparare tirando un dado per cannone, colpendo sempre e solo con un 5 o un sei per cannone, però i cannoni non possono sparare se vicine ad unità amiche a meno che non abbiano almeno uno spazio di 8 centimetri (3 "). Una volta che un'unità ha combattuto un turno di mischia, non può più sparare fino a quando la mischia non è terminata.

Mischia: se due unità avversarie entrano in contatto, dovranno combattere in mischia. Tutti gli uomini di ogni formazione partecipano alla mischia. Tirate un dado per ogni supporto con moschettiere e due dadi per ogni supporto di picchieri o di cavalleria. I tiri validi sono sempre quelli che totalizzano 5 o 6, e hanno diritto alla rimozione di una perdita nemica come già spiegato prima. Durante la mischia non si tirano i dadi alternativamente ma contemporaneamente. Se entrambi gli eserciti hanno ancora dei supporti abili al combattimento, rimangono bloccati in mischia e non possono muoversi o sparare. I sopravvissuti combatteranno di nuovo nella prossima fase di mischia. Gli equipaggi di cannoni non combattono per il loro cannone, l'equipaggio viene automaticamente rimosso se vengono contattati da un'unità nemica di fanteria o cavalleria. Il nemico può a quel punto assegnare un supporto di fanteria o di suoi artiglieri per azionare il cannone catturato. Il cannone catturato può sparare nella fase di tiro un solo

Removing victims: when an infantry unit suffers losses, these should be equally distributed between pikemen and musketeers, with the player deciding which one to lose if there are an odd number of victims.

Remove the last stand: when a unit is reduced to a single surviving stand, this is removed.

Caracole: Imperial cavalry in the 17th century still used the caracole tactic. It used to ride close to enemy formations, stopping in front of them to fire with its own guns. If a unit decides to do a caracole, it cannot attack the enemy unit in that turn. In this case, knights must stop at a gun distance of 8 cm (3"). After shooting for one turn, they can eventually charge the enemy in the next turn. Other cavalry may not take the caracole.

Bibliography and web sources:
- La guerra dei trent'anni 1618-1648 - 5 volumi, Soldiershop 2018 by Luca Stefano Cristini.
- Breitenfeld 1631, il superbo capolavoro tattico di Gustavo Adolfo. Soldiershop 2018 by Luca Stefano Cristini.
- The Thrity Years War, History Learning Site, http://www.historylearningsite.co.uk/thirty_years_war.htm

Alternative Italian and English rules:
- For to play with army of XVII c. we recommend the Baroque regulation, published by Dadi & Piombo, as recommended by Lorenzo Sartori, available in Italian or english both in print and on the website of the magazine www.dadiepiombo.it
- Wargame rules "Lion of the North" by Michael Peters, http://www.freewargamesrules.co.uk/
- Rasenna wargame rules by Riccardo Affinati Thirty Years War (Da Vinci Wars - Rules and Army List) see his page: https://www.facebook.com/notes/rasenna-italia/rasenna-le-varie-espansioni/713454012431211/ or https://www.facebook.com/groups/712874349155844/

dado, ma non può più essere mosso.

Comandanti: i comandanti sono rappresentati da singole figure di cavalleria o in un supporto comando con bandiera. Possono unirsi a un'unità per aiutarli durante una mischia. Una unità che opera con il comandante lancia altri due dadi nella fase di mischia. I comandanti che partecipano a una mischia rischiano però di diventare vittime. L'avversario, in questi casi può tirare un dado dopo i tiri di mischia, e se ottiene un tiro da 6 il comandante avversario può essere eliminato. Questo è l'unico modo per eliminare dal gioco un comandante, in tutti gli altri casi essi non possono essere né colpiti ne attaccati in mischia se gli stessi non sono con un'unità normale.

Rimozione delle vittime: quando una unita di fanteria subisce delle perdite, queste dovrebbero essere distribuite uniformemente tra picchieri e moschettieri, con il giocatore che decide quale perdere se ci sono un numero dispari di vittime.

Rimuovi l'ultimo supporto: quando un'unità viene ridotta a un singolo supporto sopravvissuto, quest'ultimo viene rimosso.

Caracollo: la cavalleria imperiale nel seicento utilizzava ancora la tattica del caracollo. Cavalcava cioè vicino alle formazioni nemiche fermandosi di fronte al nemico per sparare con le proprie pistole. Se una unità decide di fare il caracollo non può in quel turno caricare l'unita nemica. In questo caso i cavalieri devono fermarsi a distanza di pistola 8 cm (3 "). Dopo aver sparato per un turno, possono eventualmente caricare il nemico nel turno successivo. Le altre cavallerie non possono fare il caracollo.

Bibliografia e risorse web:
- La guerra dei trent'anni 1618-1648 5 volumi Soldiershop 2018 di Luca Stefano Cristini.
- Breitenfeld 1631, il superbo capolavoro tattico di Gustavo Adolfo. Soldiershop 2013 di Luca Stefano Cristini.
- The Thrity Years War, History Learning Site, http://www.historylearningsite.co.uk/thirty_years_war.htm

Regole wargame alternative in italiano e inglese:

- Per giocare con i soldatini del '600 vi consigliamo il regolamento Baroque, pubblicato da Dadi&Piombo diretto da Lorenzo Sartorie disponibile in italiano sia in versione cartacea che digitale sul sito della rivista www.dadiepiombo.it
- Regolamento wargame Rasenna a cura di Riccardo Affinati, per il '600: la guerra dei trent'anni (*Da Vinci Wars - Regole e Lista Eserciti*) alla pagina: https://www.facebook.com/notes/rasenna-italia/rasenna-le-varie-espansioni/713454012431211/ od ancora all'indirizzo: https://www.facebook.com/groups/712874349155844/
- Regole wargame "Lion of the North" di Michael Peters, http://www.freewargamesrules.co.uk/

WARGAME TABLES

Movements overview	
Unit	Movement
Cavalry and Commanders	24 cm (10")
Swedish Infantry	12 cm (5")
Imperial Tercios	6 cm (2,5")
Cannons	4 cm (1,5")

Shooting range overview			
Unit	Range	Dice per Stand	To Hit
Cavalry	8 cm (3")	1	5 or 6
Imperial Musketeers	24 cm (10")	1	5 or 6
Swedish Musketeers	24 cm (10")	2	5 or 6
Cannons	No limit	1	5 or 6

Melee overview		
Unit	Dice per Stand	To hit
Pikemen and cavalry	2	5 or 6
Commanders	2	5 or 6
Musketeers	1	5 or 6

TABELLE WARGAME

Riepilogo movimenti	
Unità	Movimenti
Cavalleria e comandanti	24 cm (10")
Fanteria svedese	12 cm (5")
Tercio e reggimenti	6 cm (2,5")
Cannoni	4 cm (1,5")

Riepilogo tiro-fuoco			
Unità	Distanza	Dado da sei	Colpito con
Cavalleria	8 cm (3")	1	5 o 6
Moschettieri imperiali	24 cm (10")	1	5 o 6
Moschettieri svedesi	24 cm (10")	2	5 o 6
Cannoni	No limit	1	5 o 6

Riepilogo mischia		
Unità	Dado da sei	Colpito con
Picchieri e cavalleria	2	5 o 6
Comandanti	2	5 o 6
Moschettieri	1	5 o 6

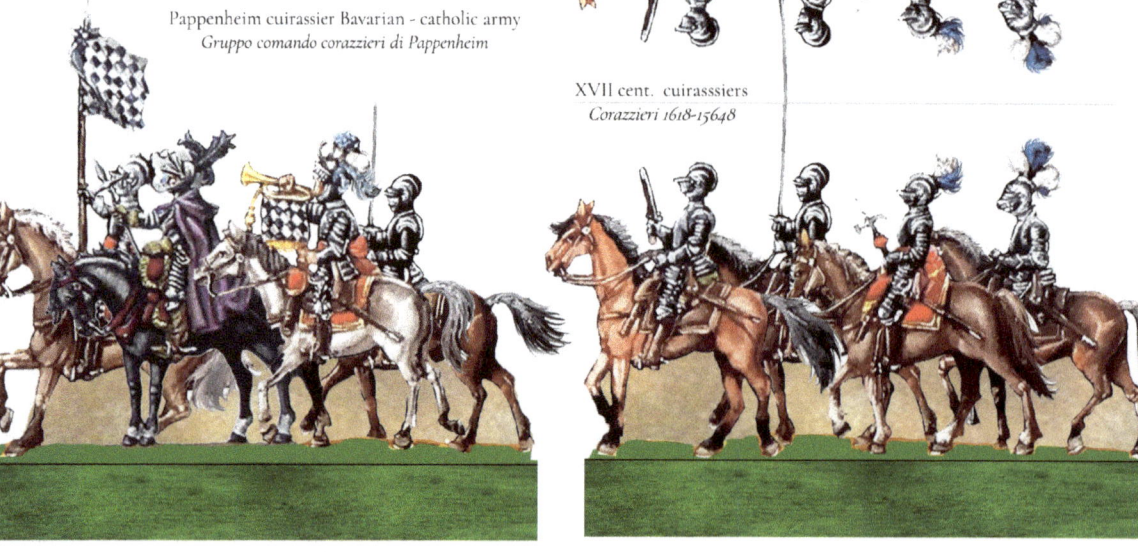

Spanish infantry flag
Stendardo fanteria spagnola

Swedish cavalry banner
Drapella di cavalleria svedese

Pappenheim flag
Drapella di Pappenheim

XVII cent. cuirasssiers
Corazzieri 1618-15648

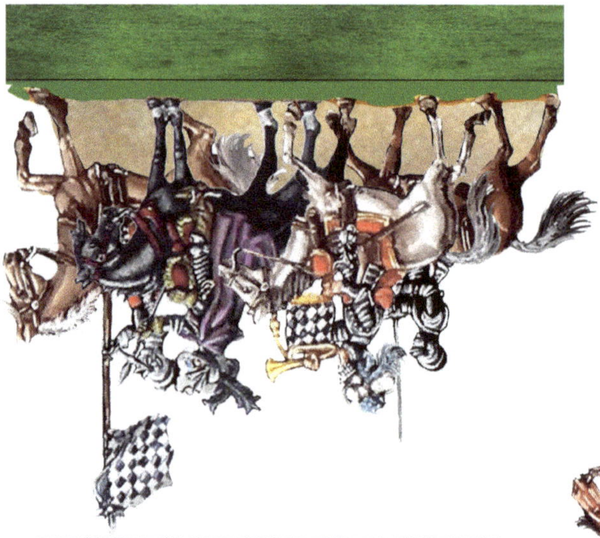

Pappenheim cuirassier Bavarian - catholic army
Gruppo comando corazzieri di Pappenheim

XVII cent. cuirasssiers
Corazzieri 1618-15648

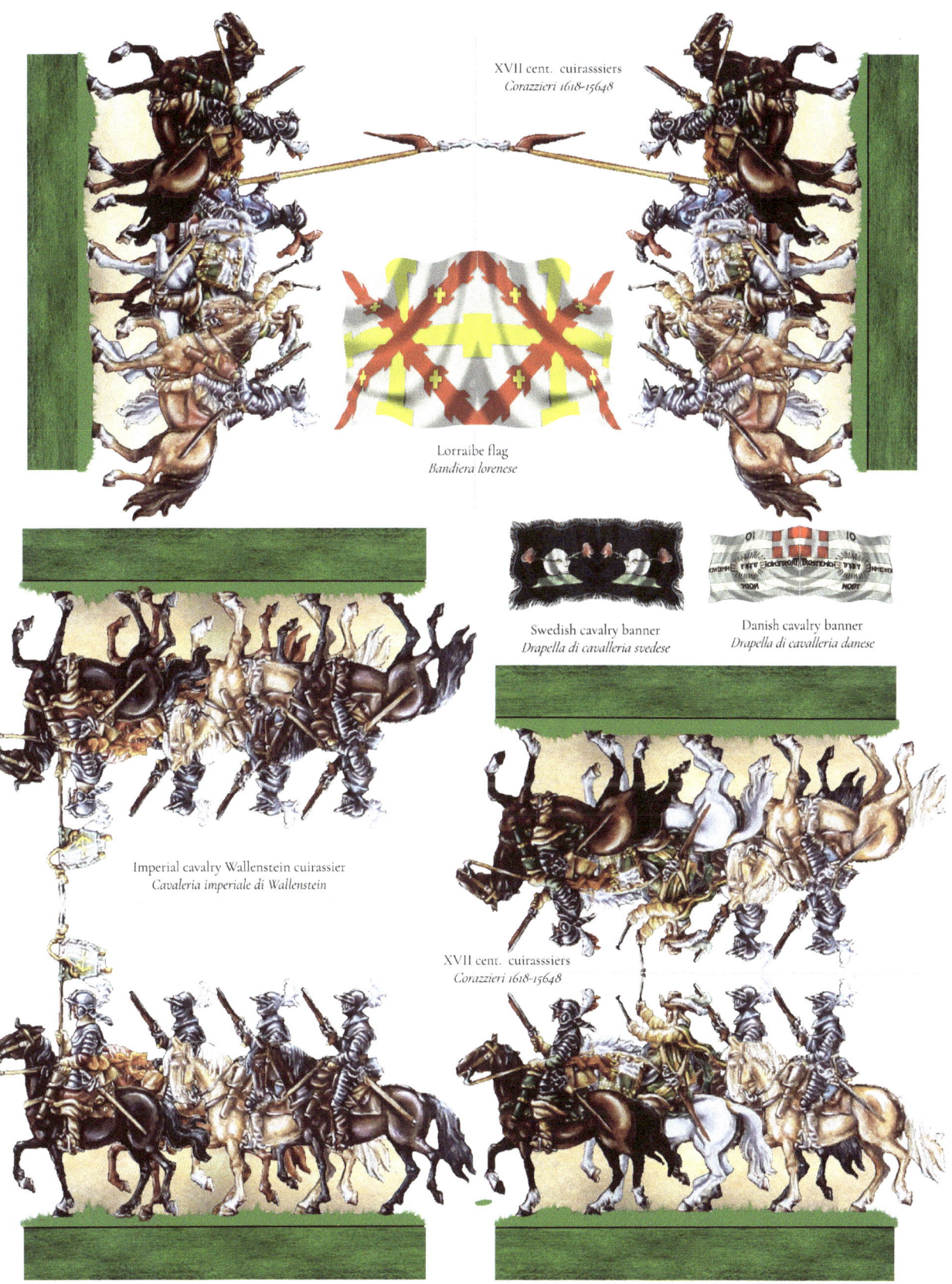

XVII cent. cuirasssiers
Corazzieri 1618-15648

Lorraibe flag
Bandiera lorenese

Swedish cavalry banner
Drapella di cavalleria svedese

Danish cavalry banner
Drapella di cavalleria danese

Imperial cavalry Wallenstein cuirassier
Cavaleria imperiale di Wallenstein

XVII cent. cuirasssiers
Corazzieri 1618-15648

Cavalry flag staff protestant army
Gruppo di comando cavalleria protestante

Spanish infantry flag
Bandiera fanteria spagnola

Mansfeld cavalry banner
Drapella di cavalleria di Mansfeld

Saxon cavalry flag staff protestant army
Gruppo di comando cavalleria sassone

Light cavalry XVII cent.
Cavalleggeri 1618-1648

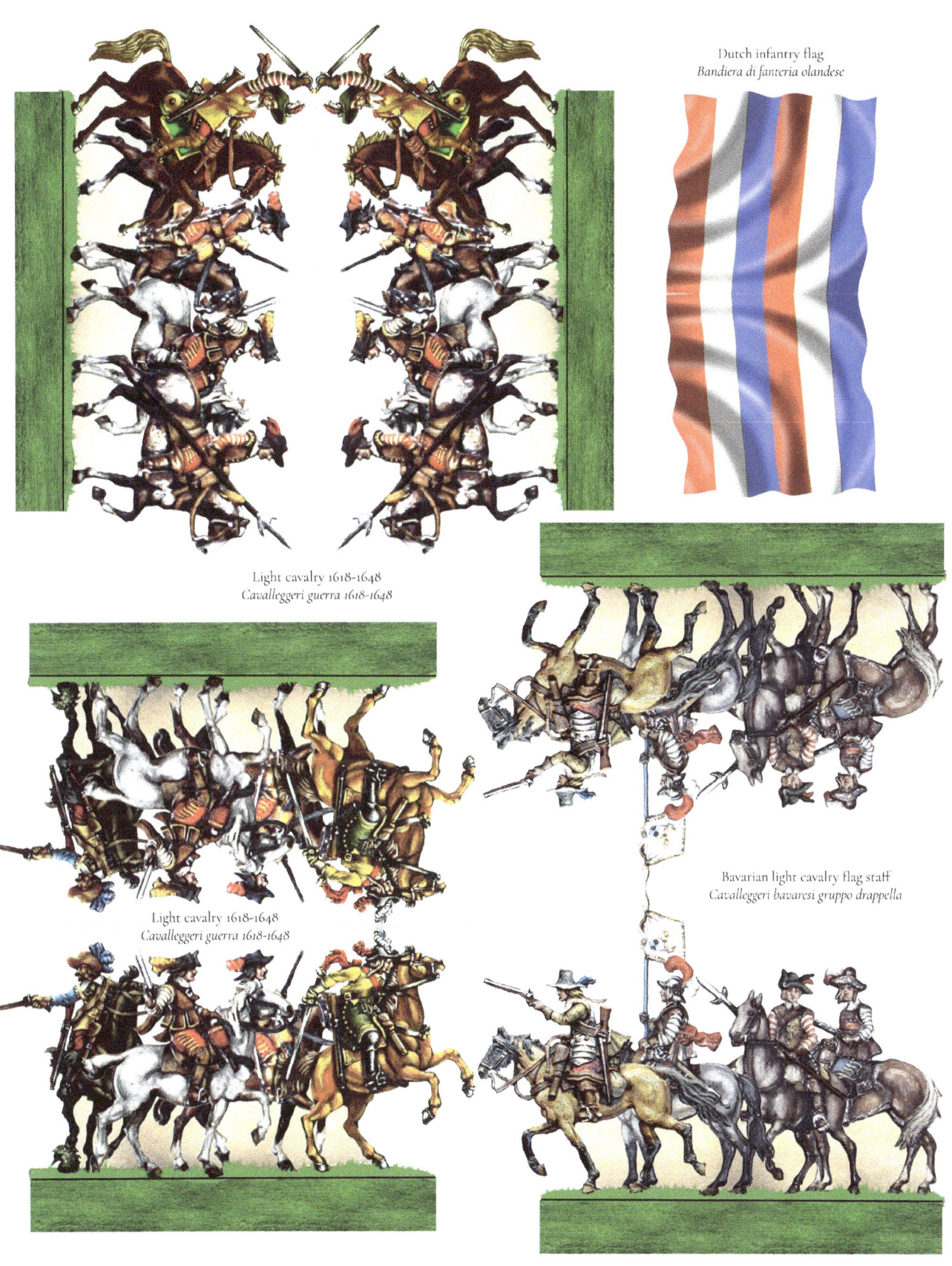

Light cavalry 1618-1648
Cavalleggeri guerra 1618-1648

Dutch infantry flag
Bandiera di fanteria olandese

Light cavalry 1618-1648
Cavalleggeri guerra 1618-1648

Bavarian light cavalry flag staff
Cavalleggeri bavaresi gruppo drappella

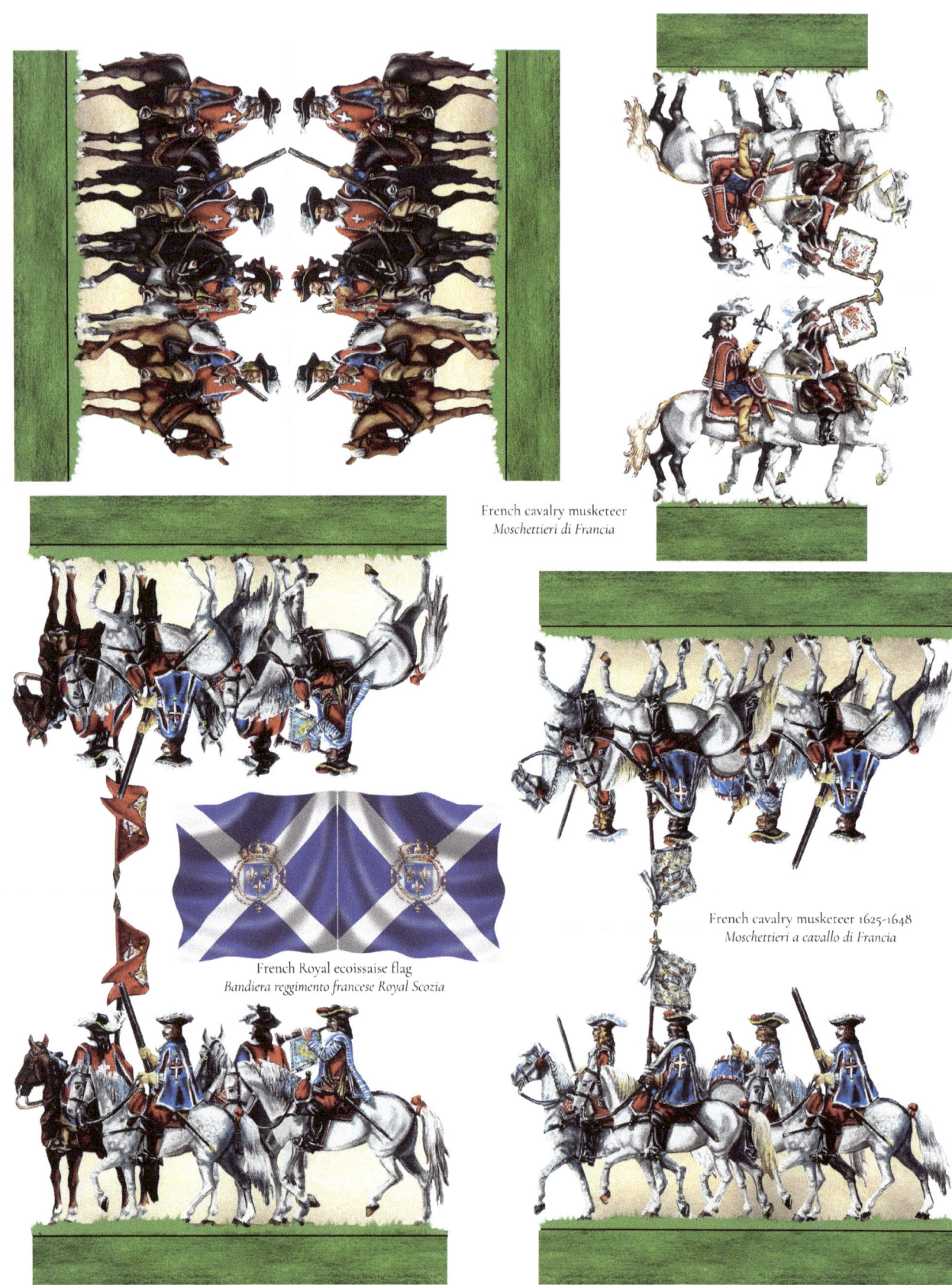

French cavalry musketeer
Moschettieri di Francia

French Royal ecoissaise flag
Bandiera reggimento francese Royal Scozia

French cavalry musketeer 1625-1648
Moschettieri a cavallo di Francia

Cavalry arquebusiers and dragoons
Archibugieri a cavallo e dragoni

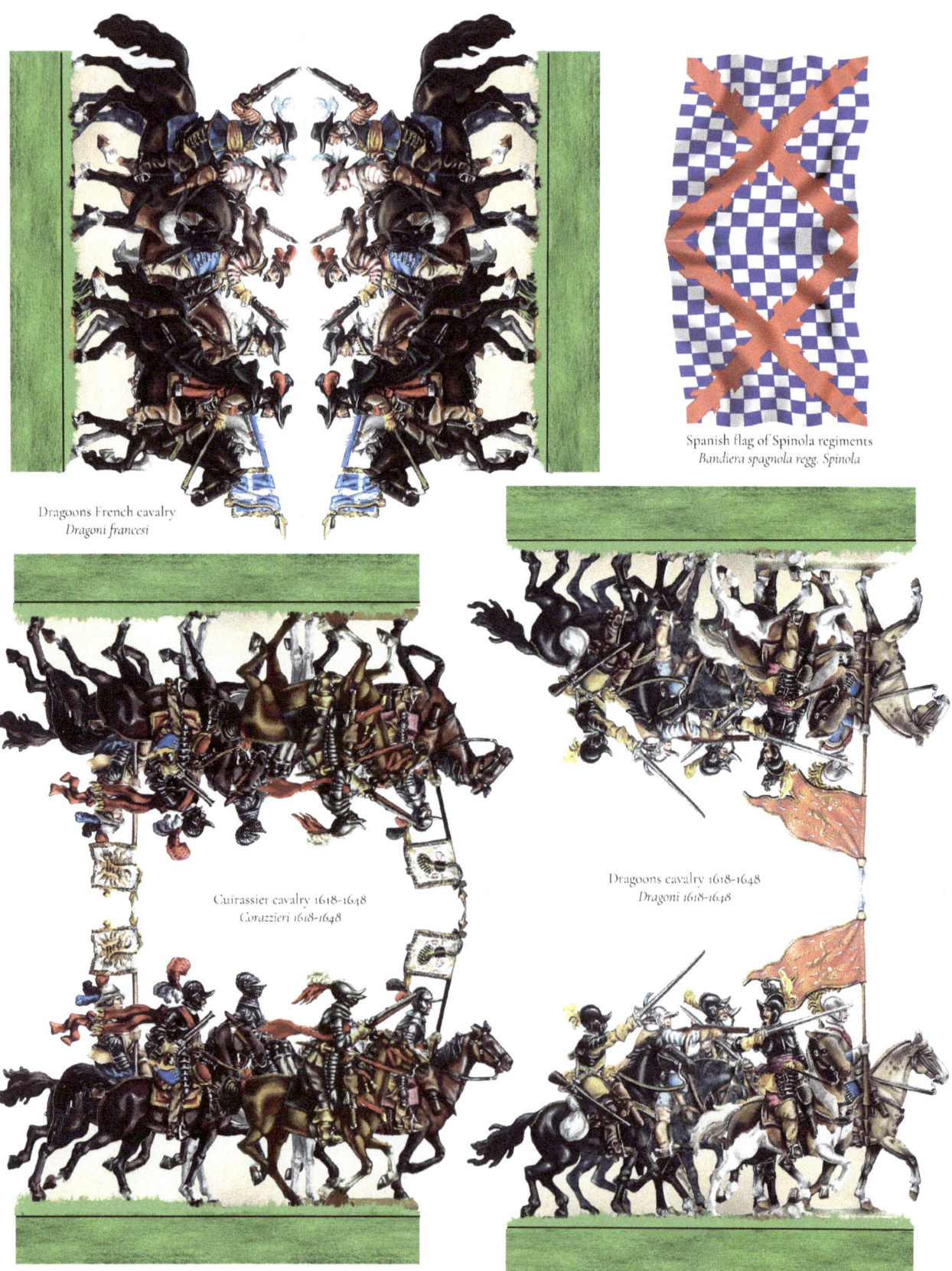

Dragoons French cavalry
Dragoni francesi

Spanish flag of Spinola regiments
Bandiera spagnola regg. Spinola

Cuirassier cavalry 1618-1648
Corazzieri 1618-1648

Dragoons cavalry 1618-1648
Dragoni 1618-1648

Bethlen Gabor cavalry flag
Drappela di Bethlen Gabor

Croatian cavalry
Cavalleria croata

Croatian cavalry staff
Drappela di cavalleria croata

Isolani Croatian commander
Il generale Isolani

Croatian Infantry
Fanteria croata

Croatian cavalry
Cavalleria croata

French light cavalry
Cavalleggeri francesi

Bavarian cavalry
Cavalleria bavarese

Cuirassier cavalry 1618-1648
Cavalleria pesante - Corazzieri 1618-1648

Protestant or Swedish cavalry
Cavalleria protestante

XVII ARMY LIST AND COMMENTS
GLI ESERCITI DELLA PRIMA META DEL XVII SECOLO

The follow army lists should therefore not be treated as a rigid system. The 17th century are not the XX century... they are supposed to be an aid for the gamer to build an army that in a reasonable way will resemble it's historical counterpart. In these lists the armies are first divided into the nations, and after in the categories of Infantry, Cavalry and Artillery, given as percentages of the total force. Each category is then further broken down into percentages of different unit types. The player can customize his army within the ranges given.

THE IMPERIAL & SPANISH ARMY

During the first years of the war the Imperial army was composed of 50/60% of infantry with musketeers and pikemen in pair number. A 40-50% of cavalry with dragoons at 50%, cuirassier and heavy cavalry at 30% and light cavalry at 20%. The rest is in artillery corps all equipped with heavy guns.

This army composition reflects a tactical system that relied mainly on the Tercio type of Infantry formations, and whose cavalry was mainly equipped with harquebuses. On the other hands the dragoon was contemplated fighting on foot. During the Later stages of the war. In the infantry formations the musketeers began the 60% of the formation and the pikemen the residual 40%. In the cavalry the heavy and cuirassiers are the 60-70%, the dragoons the 20-30% and the light horse the rest. The artillery component increases a small, and now the gun is heavy and medium are in pair number.

The imperial tactical formations change was adopted after the great defeat placed by the Swedes during the first Breitenfeld. Some month after the heavy Tercios were abandoned in favor of small brigade in linear formations, also most of the cavalry equipped with harquebuses was converted into cavalry men.

Commanders: Ferdinand II, Wallenstein, Gallas, Pappenheim, Montecuccoli, Von Mercy, Von Werth.

Felipe IV, Ambrogio Spinola, Cardinal infante, De Melo.

THE BAVARIAN ARMY

During the later years of the war the army are based on 40-50% Infantry (60 musketeers for 40 pikemen) 50-60% Cavalry (heavy and cuirassiers 70%), 30% dragoons. 10% Artillery with various combination of light and medium guns. The Bavaria was the most important German ally of the Emperor, whose forces was said to be among the very best to be found in the Empire - especially the Bavarian cavalry was considered to be quite outstanding. Due to the geographical position of Bavaria, the Bavarians were involved

L'ESERCITO IMPERIALE E SPAGNOLO

Le seguenti liste degli eserciti coinvolti nella guerra dei 30 anni non devono essere prese in maniera troppo rigida. Il XVII secolo non è il XX secolo... Esse rappresentano sostanzialmente un aiuto per il giocatore per costruire un esercito che assomigli in modo ragionevole alla sua controparte storica. In queste liste gli eserciti sono prima divisi per nazioni, e poi nelle categorie di fanteria, cavalleria e artiglieria, date come percentuali della forza totale. Ogni categoria viene poi ulteriormente suddivisa in percentuali di diversi tipi di unità. Il giocatore può personalizzare il proprio esercito entro i limiti indicati.

L'ESERCITO IMPERIALE E SPAGNOLO

Durante i primi anni della guerra l'esercito imperiale era composto per il 50/60% di fanteria con moschettieri e picchieri in numero pressoché paritario. Un 40-50% di cavalleria con dragoni al 50%, corazzieri e cavalleria pesante al 30% e cavalleria leggera al 20%. Il resto faceva parte dell'artiglieria equipaggiata solo con cannoni pesanti.

Questa composizione dell'esercito riflette un sistema tattico che si basava principalmente sulle formazioni di fanteria del tipo Tercio spagnolo, con cavalleria che era dotata principalmente di archibugi. D'altra parte i dragoni erano pensati per il combattimento a piedi.

Durante le fasi successive della guerra. Nelle formazioni di fanteria i moschettieri crebbero fino al 60% della formazione e i picchieri il restante 40%. La cavalleria il pesante o corazzieri divenne il 60-70%, i dragoni il 20-30% e la cavalleria leggera il resto. La componente di artiglieria aumenta un pò, e ora è dotata di un pari numero di pezzi pesanti e medi. Il cambio di formazione tattica imperiale fu adottato dopo la grande sconfitta subita dagli svedesi sul campo di Breitenfeld. Qualche mese dopo infatti i pesanti Tercios furono abbandonati in favore di piccole brigate basate in formazioni lineari, anche la maggior parte della cavalleria dotata di archibugi fu convertita in cavalleria regolare.

Comandanti: Ferdinando II, Wallenstein, Gallas, Pappenheim, Montecuccoli, Von Mercy, Von Werth.

Felipe IV, Ambrogio Spinola, Cardinale infante, De Melo.

L'ESERCITO BAVARESE

Durante gli ultimi anni della guerra l'esercito è composto al 40-50% Fanteria (60 moschettieri per 40 picchieri), 50-60% Cavalleria (cavalleria pesante e corazzieri 70%), 30% dragoni. 10% Artiglieria dotata di varie combinazioni di cannoni leggeri e medi.

La Baviera era il più importante alleato tedesco dell'imperatore, le cui forze erano considerate tra le migliori dell'Impero - in particolare la cavalleria bavarese era considerata eccezionale. A causa della posizione geografica

in fighting the French, but also against the Swedes.

Commanders: Maximilian Ist, Count of Tilly.

THE FRENCH ARMY

During the later stages of the war 40-50% Infantry (60 musketeers for 40 pikemen) 40-50% Cavalry 50% (heavy and cuirassiers) 20-30% regular cavalry 20-30% dragoons. 10-20% Artillery with various combination of light, medium and heavy guns, The so called "Regular Cavalry" represent the component called "Bernhardines", German mercenaries originally commanded by the protestant prince Bernhard of Weimar, who fought with the French during the later years of the war. They were very good fighters, but notoriously unreliable, often were involved in mass desertions.

Commanders: Cardinal Richelieu, Louis XIII, Gran Condè, Turenne.

THE SWEDISH ARMY (and the Protestant army after Breitenfeld)

During the first years of the Swedish intervention: 40-60% Infantry (60 musketeers for 40 pikemen)

40-50% Cavalry in great part regular cavalry, the 20% are cuirassiers or dragoons.

10-20% Artillery with a 30% of heavy guns the rest are medium or regimental guns.

During the Later stages of the war. 40-60% Infantry (70 musketeers for 30 pikemen)

40-50% davalry with 10-20% degular davalry 50-60% heavy and cuirassiers, 20-30% dragoons

10% Artillery with any combination of medium or regimental guns. always to increase the speed of movement of the army, a key factor in Swedish tactics.

The proportion of horse to foot increased steadily in the last year of the war. The reason was partly logistical: the generals soon discover that the mobile cavalrymen could live off the land much more easily than the much more slowly moving infantry. Also, in order to increase mobility, the number of heavy guns was also reduced in the Swedish Army.

The great shift from regular cavalry to heavy and cuirassiers may surprise some, but is a historical fact due to the reason that the Swedish army consisted of German mercenaries, and they all the time preferred to fight with pistols. Finally, the shifted proportions between pikemen and musketeers is a more well-known fact.

Commanders: Gustav Adolf II Swedish king, Horn, Baner, Wrangel, Torstenson.

Another protestants commander: Mansfeld, Christian of Brunswick, Christian IV of Denmark, Maurice of Nassau, Bernard of Sax Weimar, Johannes Georg of Saxony.

della Baviera, i bavaresi furono coinvolti nella lotta contro i francesi, ma anche contro gli svedesi.

Comandanti: Massimiliano I, conte di Tilly.

L'ESERCITO FRANCESE

Durante gli ultimi anni della guerra l'esercito di Luigi XIII è composto dal 40-50% Fanteria (60 moschettieri per 40 picchieri) 40-50% cavalleria ci cui un 50% (pesante e corazzieri) 20-30% cavalleria regolare 20-30% Dragoni. Ed infine un 10-20% per l'Artiglieria dotata di varie combinazioni di cannoni leggeri, medi e pesanti,

La cosiddetta "Cavalleria Regolare" rappresenta il componente chiamato "Bernardini", mercenari tedeschi originariamente comandati dal principe protestante Bernhard di Sax-Weimar, che combatteva con i francesi negli ultimi anni della guerra. Erano ottimi combattenti, ma notoriamente inaffidabili, spesso coinvolti in diserzioni di massa.

Comandanti: Cardinale Richelieu, Luigi XIII, Gran Condè, Turenne.

L'ARMATA SVEDESE (e le altre armate protestanti dopo Breitenfeld)

Durante i primi anni dell'intervento svedese. Composta per il 40-60% di fanteria (60 moschettieri per 40 picchieri). 40-50% di Cavalleria in gran parte Cavalleria Regolare, il 20% sono corazzieri o dragoni.

10-20% Artiglieria con un 30% di cannoni pesanti, il resto sono cannoni di medio calibro o reggimentali. Durante gli ultimi anni della guerra abbiamo un 40-60% di fanteria (70 moschettieri per 30 picchieri). 40-50% Cavalleria con 10-20% di cavalleria regolare 50-60% di cavalleria pesante e corazzieri, 20-30% dragoni. Il restante 10% è l'artiglieria con qualsiasi combinazione di cannoni medi o reggimentali. Scelta questa, operata sempre per aumentare la velocità di movimento dell'esercito, un fattore chiave nella tattica svedese.La proporzione di cavallo a piede è aumentata costantemente negli ultimi anni di guerra. Il motivo era in parte logistico: i generali scoprirono ben presto che i cavalieri mobili potevano adattarsi molto più facilmente della fanteria costretta a un movimento molto più lento. Inoltre, per aumentare la mobilità, il numero di cannoni pesanti fu ridotto anche nell'esercito svedese.

Il grande passaggio dalla Cavalleria Regolare a quella pesante e corazzieri può sorprendere alcuni, ma è un fatto storico dovuto al fatto che l'esercito svedese era composto da mercenari tedeschi, che hanno sempre preferito combattere con le pistole. Infine, le proporzioni spostate tra picchieri e moschettieri sono un altro fatto assai noto.

Comandanti: Gustav Adolf II re svedese, Horn, Baner, Wrangel, Torstenson. Comandante di altri protestanti: Mansfeld, Christian di Brunswick, Christian IV di Danimarca, Maurice di Nassau, Bernardo di Sax Weimar, Johannes Georg di Sassonia.

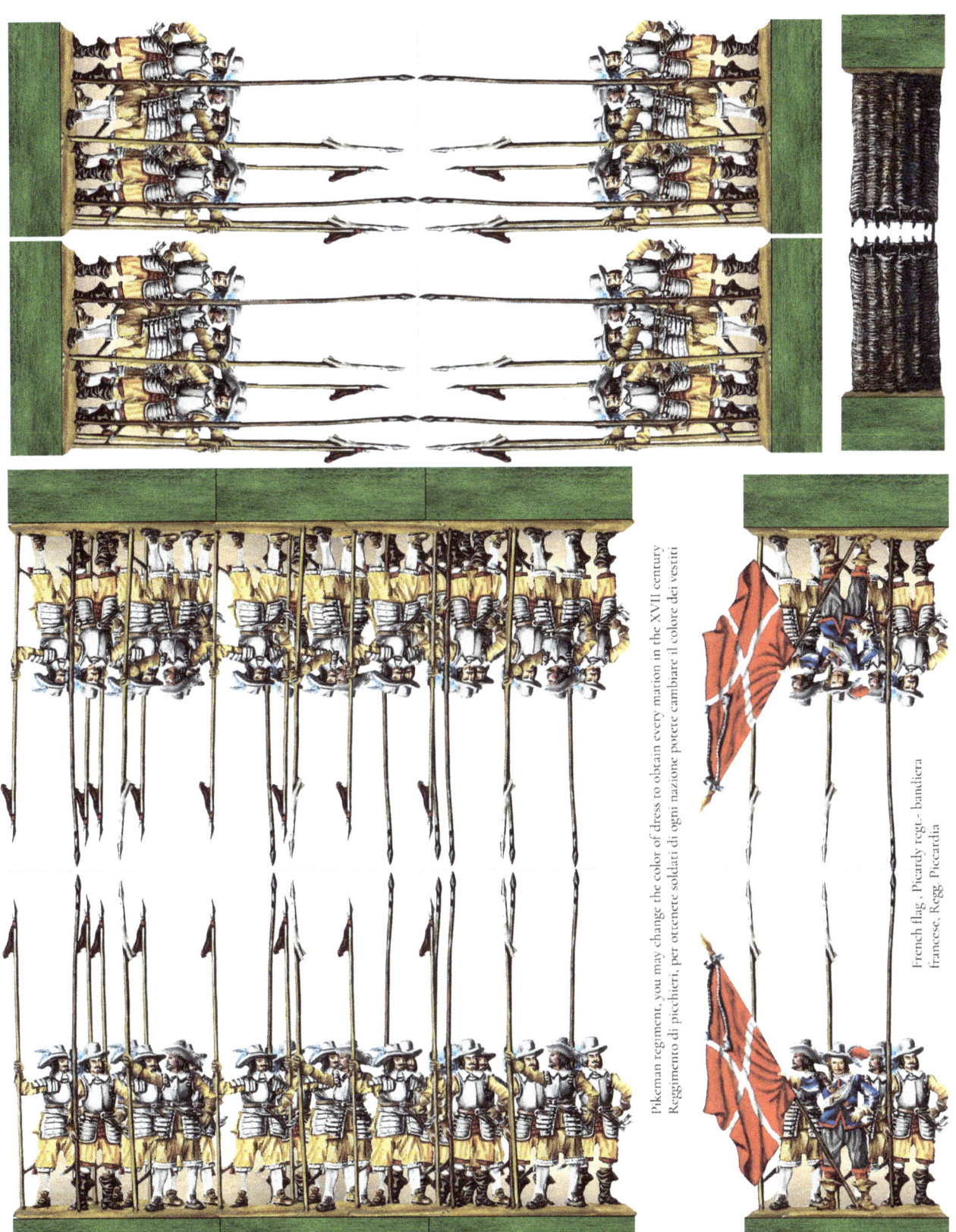

Pikeman regiment, you may change the color of dress to obtain every nation in the XVII century
Reggimento di picchieri, per ottenete soldati di ogni nazione potete cambiare il colore dei vestiti

French flag , Picardy regt.- bandiera
francese, Regg. Piccardia

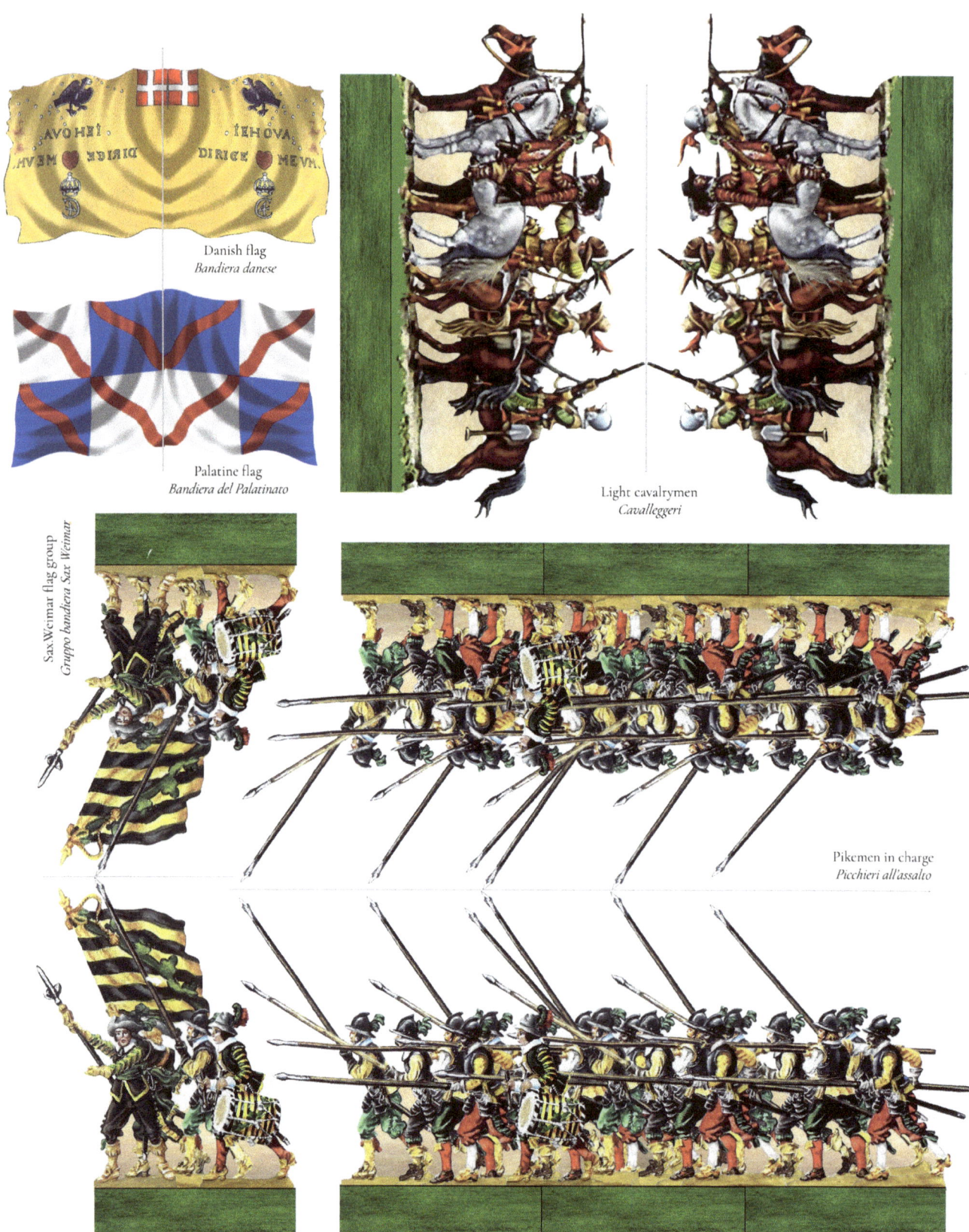

Danish flag
Bandiera danese

Palatine flag
Bandiera del Palatinato

Light cavalrymen
Cavalleggeri

Sax-Weimar flag group
Gruppo bandiera Sax-Weimar

Pikemen in charge
Picchieri all'assalto

Brandeburg flag
Bandiera del Brandeburgo

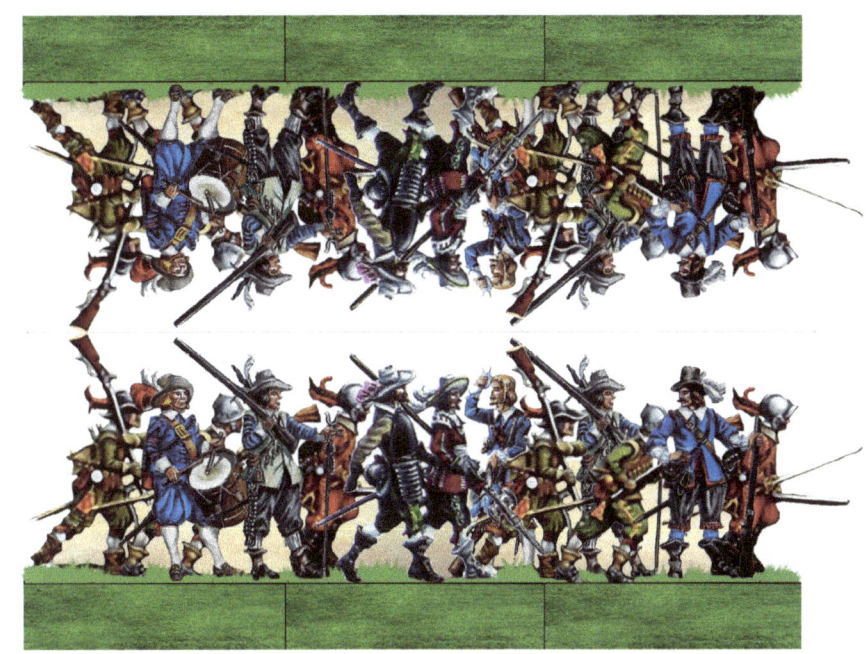

Swedish flag group
Gruppo bandiera svedese

Muskeeters groups
Gruppi di moschettieri

Spanish flag group
Gruppo bandiera spagnola

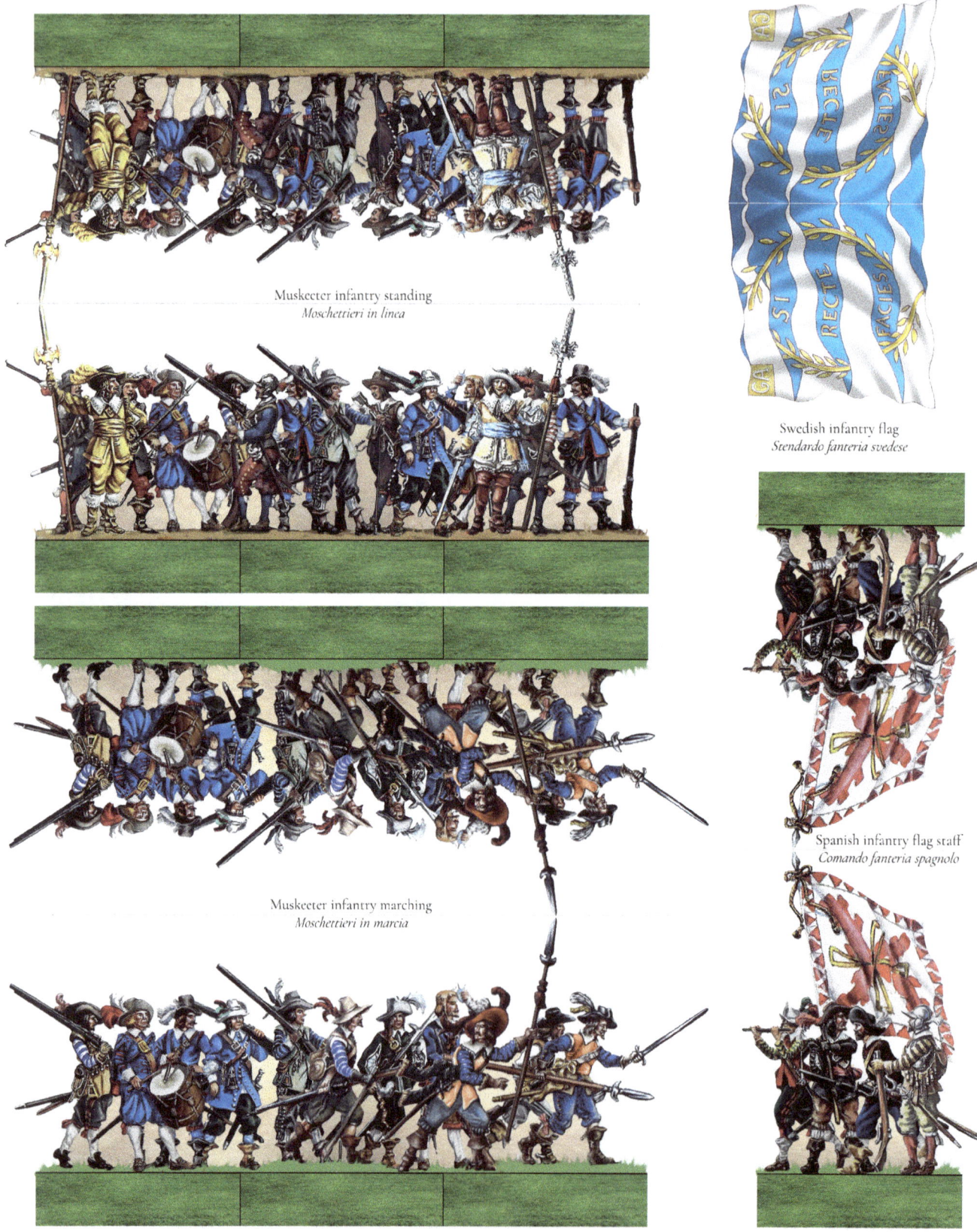

Muskeeter infantry standing
Moschettieri in linea

Swedish infantry flag
Stendardo fanteria svedese

Muskeeter infantry marching
Moschettieri in marcia

Spanish infantry flag staff
Comando fanteria spagnolo

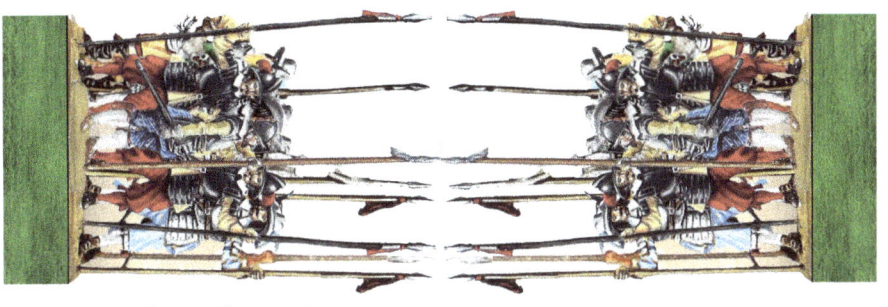

Pikeman infantry standing
Picchieri in formazione

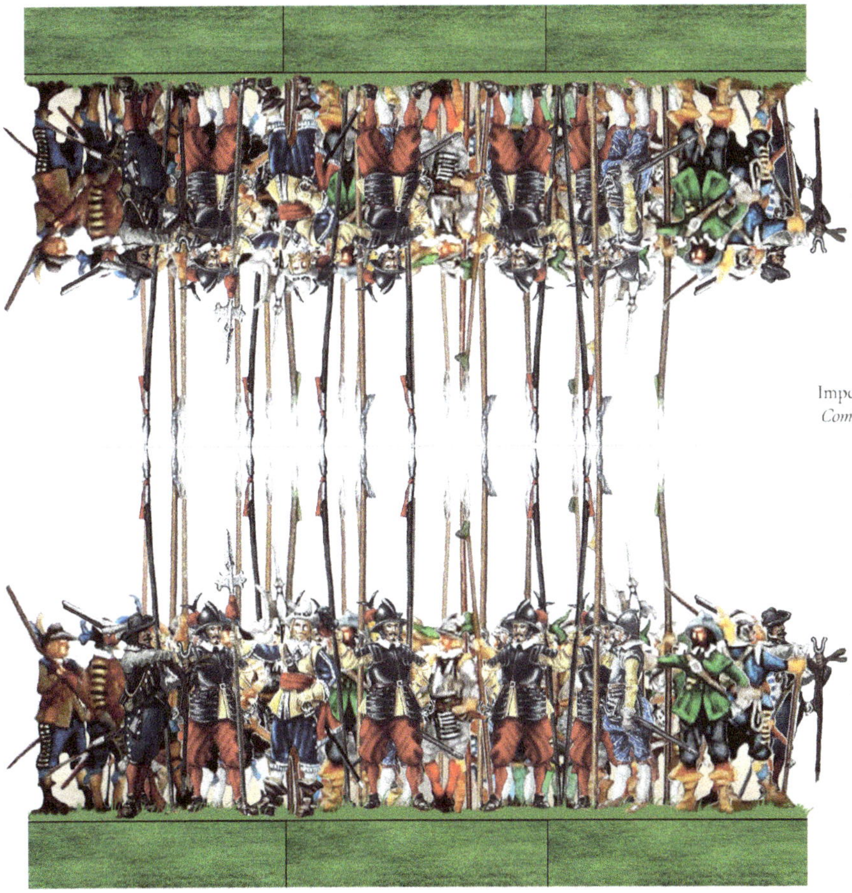

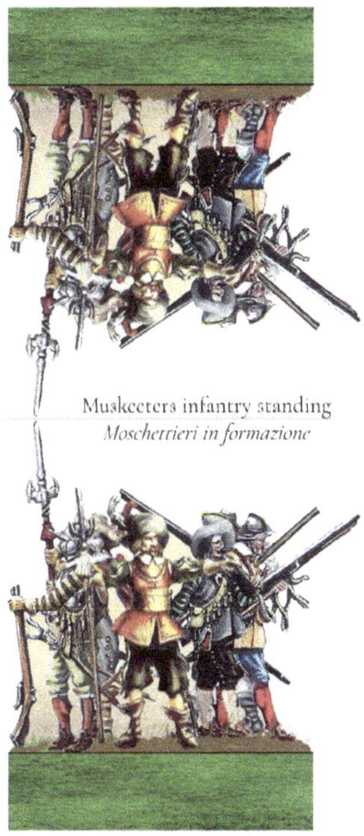

Muskeeters infantry standing
Moschettieri in formazione

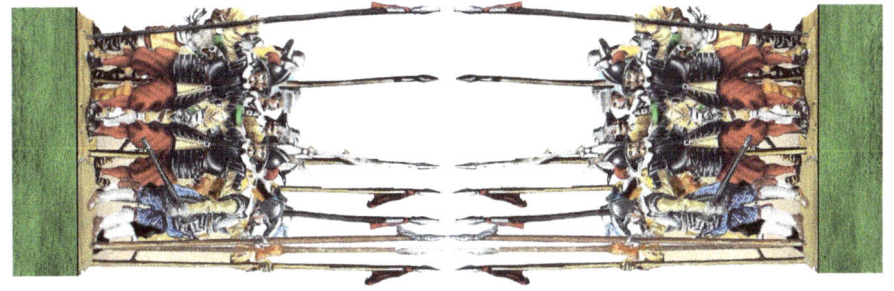

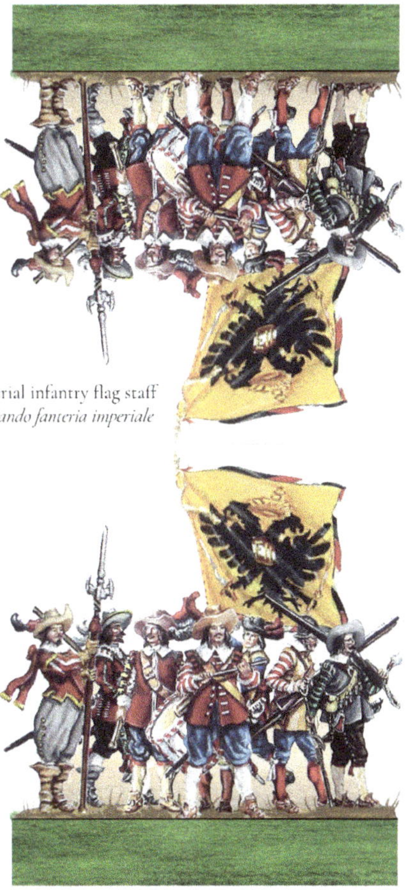

Tercio infantry standing in front
Fronte di tercio imperiale

Imperial infantry flag staff
Comando fanteria imperiale

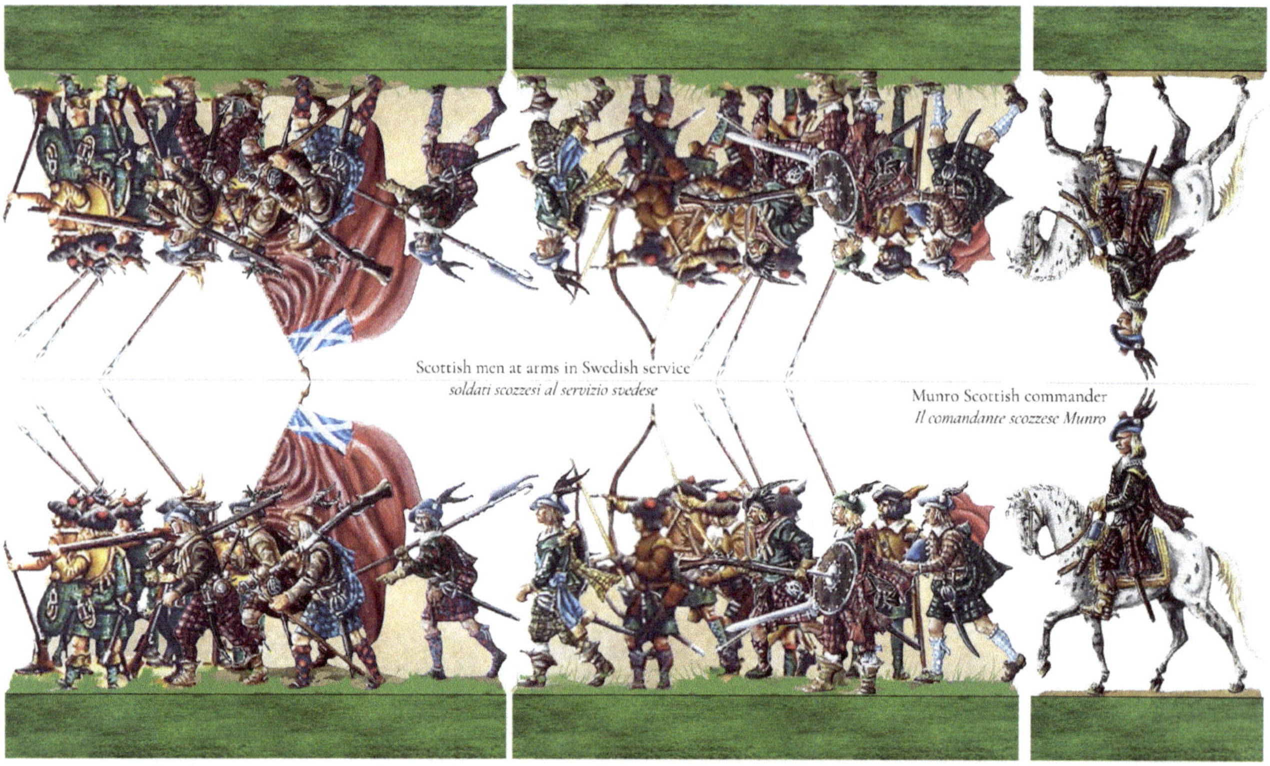

Scottish men at arms in Swedish service
soldati scozzesi al servizio svedese

Munro Scottish commander
Il comandante scozzese Munro

Georg of Sax

Ferdinand II

Gustav Adolph

Maximilian of Bayer

Wallenstein

Richelieu

Christian king of Denmark

Commander carriage with horses (use the various coat of arms for your commander)
La carozza con cavalli del comandante, potete personalizzare usando i blasoni offerti a sinistra

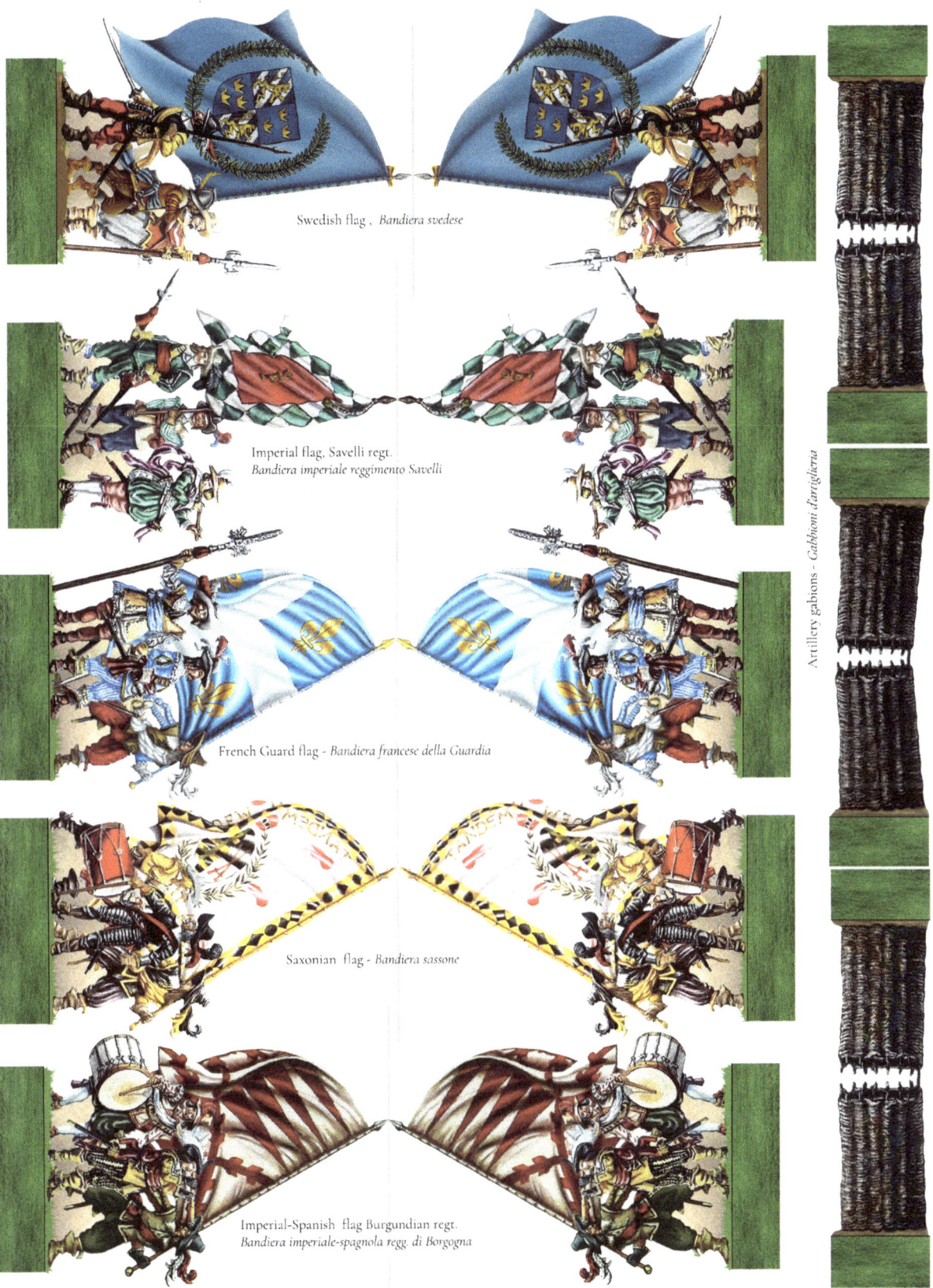

Swedish flag , *Bandiera svedese*

Imperial flag, Savelli regt.
Bandiera imperiale reggimento Savelli

French Guard flag - *Bandiera francese della Guardia*

Saxonian flag - *Bandiera sassone*

Imperial-Spanish flag Burgundian regt.
Bandiera imperiale-spagnola regg. di Borgogna

Artillery gabions - *Gabbioni d'artiglieria*

French flag - Vabecourt regiment
Bandiera francese, reggimento Vabecourt

Sax-Weimar flag - *Bandiera Sassonia-Weimar*

Imperial flag - Piccolomini regiment
Bandiera imoeriale, reggimento Piccolomini

Bavarian flag - *Bandiera Bavarese*

Imperial flag of Wallenstein
Bandiera imoeriale, di Wallenstein

Artillery gabions - *Gabbioni d'artiglieria*

French Guard flag
Bandiera francese reggimento guardie

Catholic flag of Tilly
Bandiera cattolica di Tilly

Bhoemian flag - *Bandiera boema*

Saxonian flag - *Bandiera sassone*

Wallenstein flag - *Bandiera di Wallenstein*

Mansfeld flag - *Bandiera di Mansfeld*

Swedish flag - *Bandiera svedese*

Bhoemian flag - *Bandiera Boema*

Universal standarbearer, use one of our furnished flags, cut and place it on the flagstaff as you prefer.
Portabandiera universali, puoi usare qualsiasi delle bandiere fornite nel libro e attacarle sulle loro aste.

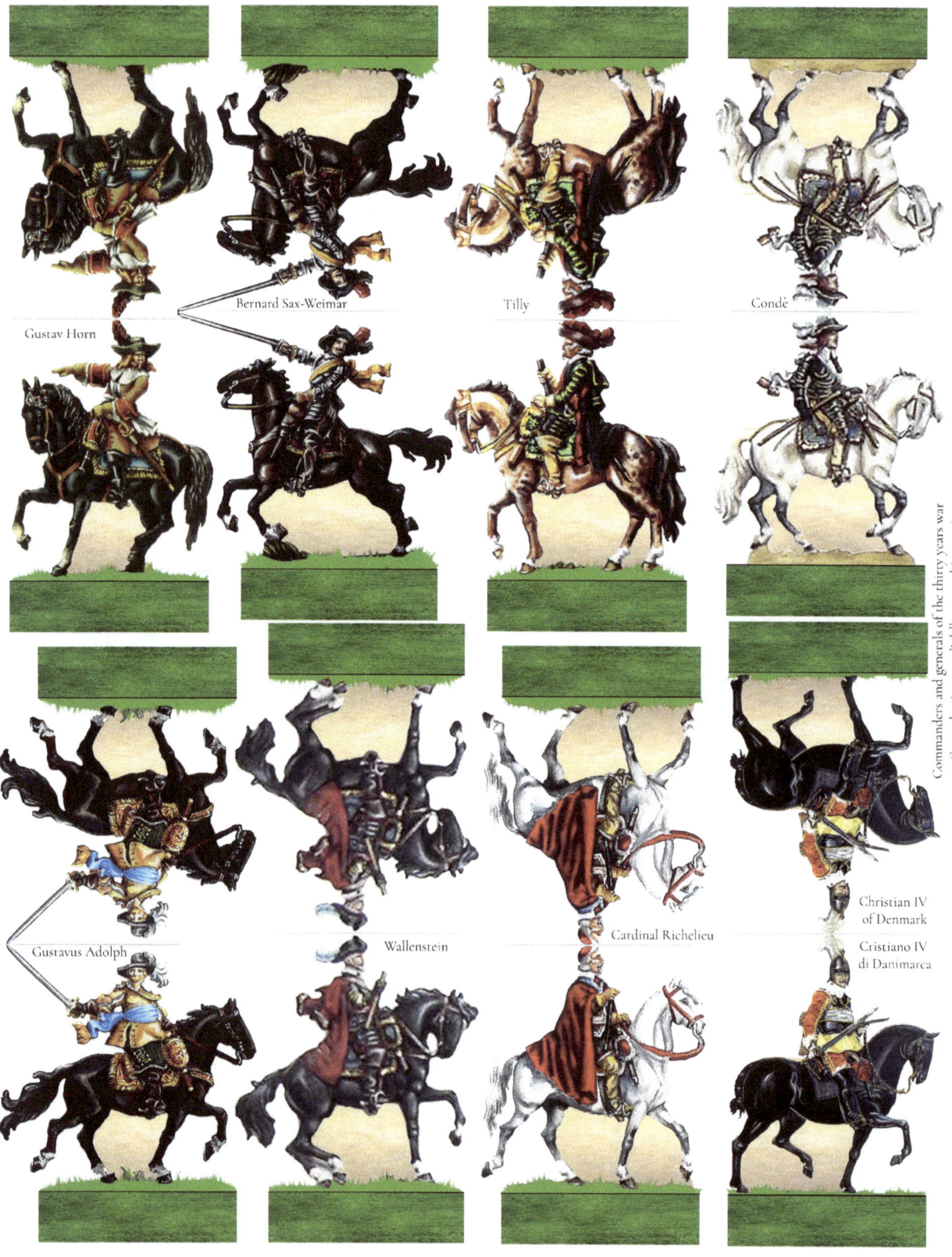

Gustav Horn

Bernard Sax-Weimar

Tilly

Condè

Gustavus Adolph

Wallenstein

Cardinal Richelieu

Christian IV
of Denmark

Cristiano IV
di Danimarca

Commanders and generals of the thirty years war
Comandanti e generali della guerra dei 30 anni

Commanders and generals of the thirty years war
Comandanti e generali della guerra dei 30 anni

Mathias Gallas

Cardinal Infante

Lennart Torstenson

Maximilian of Bayer
Massimiliano di Baviera

Turenne

Baner

George of Saxony

Giorgio di Sassonia

Pappenheim

Artillery guns in the XVII cent. - Cannoni in uso durante la guerra dei 30 anni

Note to assembly - *Note di montaggio*

A-B Wheels and trail - *Ruote e affusti*
C-D Cannon cane & rump - *Cannone*
E-F-G Cannon barrel - *Parti del cannone*
H-K Gun & Wheel tyres - *Rinforzi metallici*
J Ammunition holder - *Porta munizioni*

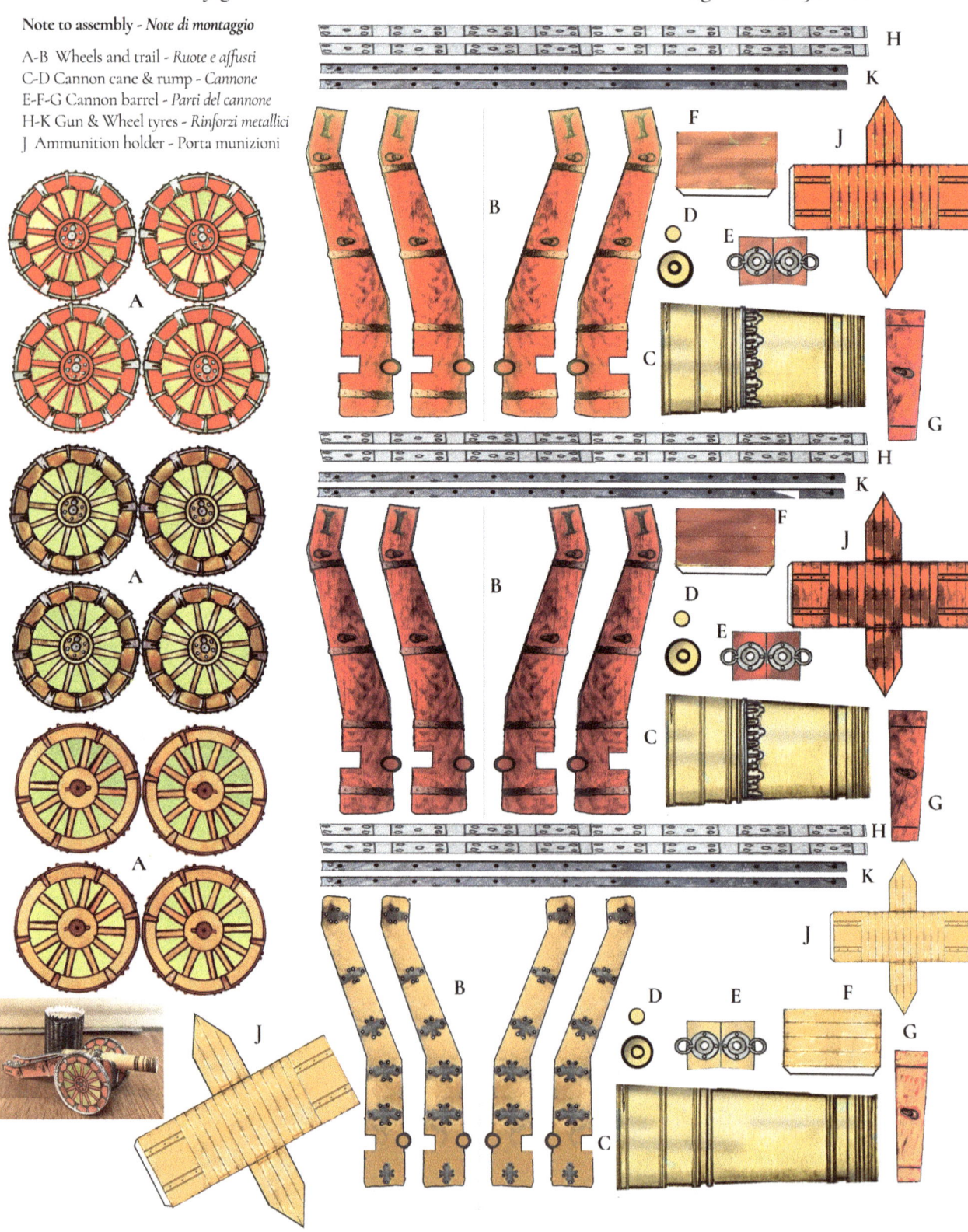

Train horse crew
Tiro di cavalli per cannoni e carri

Train horse crew
Tiro di cavalli per cannoni e carri

Wagon insignia
insegna per carri

Artillery gand baggage wagons in the XVII cent.
Carri e conduttori nella guerra dei 30 anni

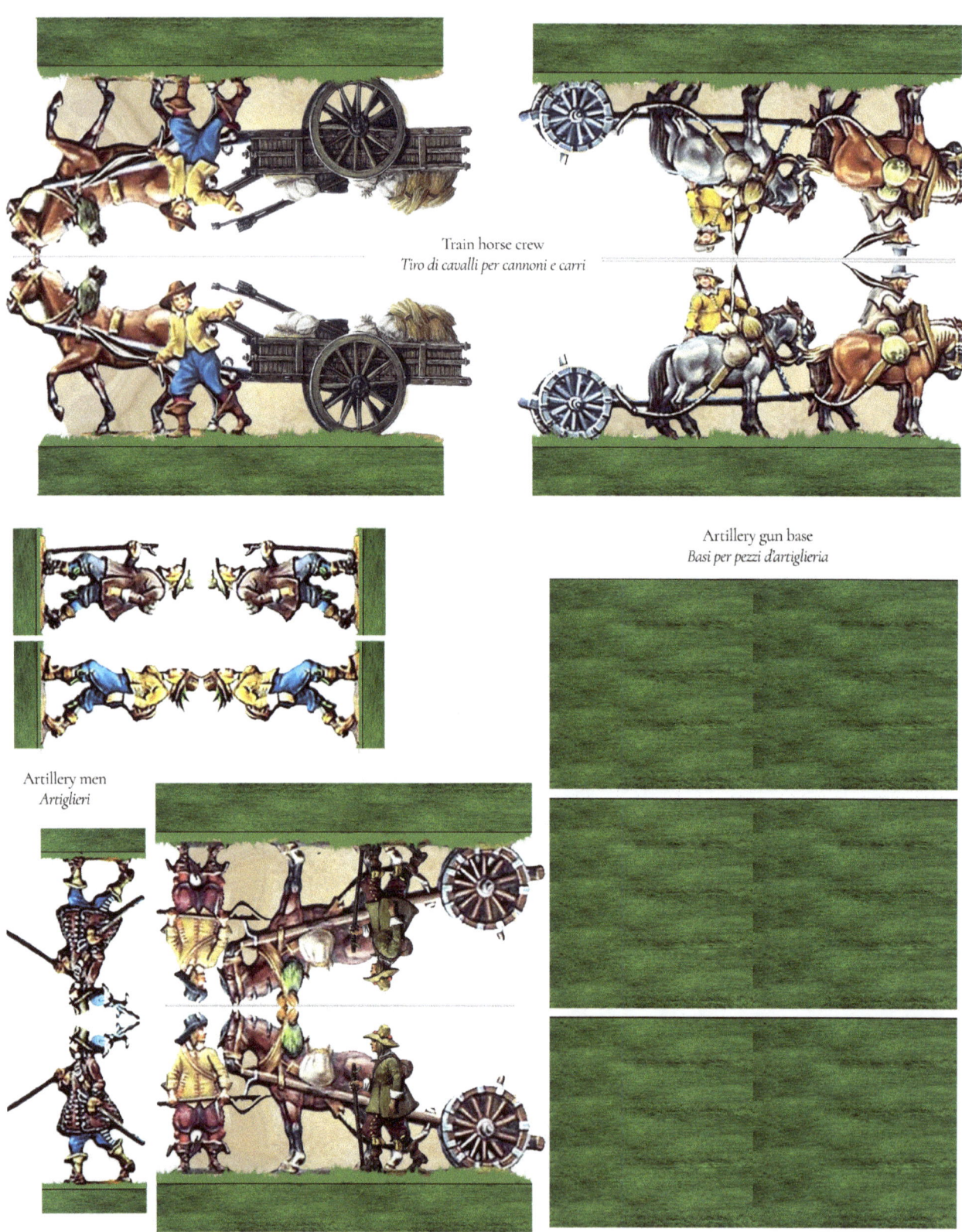

Train horse crew
Tiro di cavalli per cannoni e carri

Artillery gun base
Basi per pezzi d'artiglieria

Artillery men
Artiglieri

Artillery gand baggage wagons in the XVII cent. - Carri e conduttori nella guerra dei 30 anni

Artillery crew & guns in the XVII cent. - Artiglieri e cannoni nella guerra dei 30 anni

Fachwerk house - *Antica casa a graticcio*

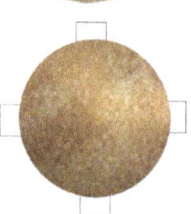

Artillery gabion
Gabbione d'artiglieria

Ancient bridge
Antico ponte

Artillery gabions - *Gabbioni d'artiglieria*

Field bush - *bordo cespuglio*

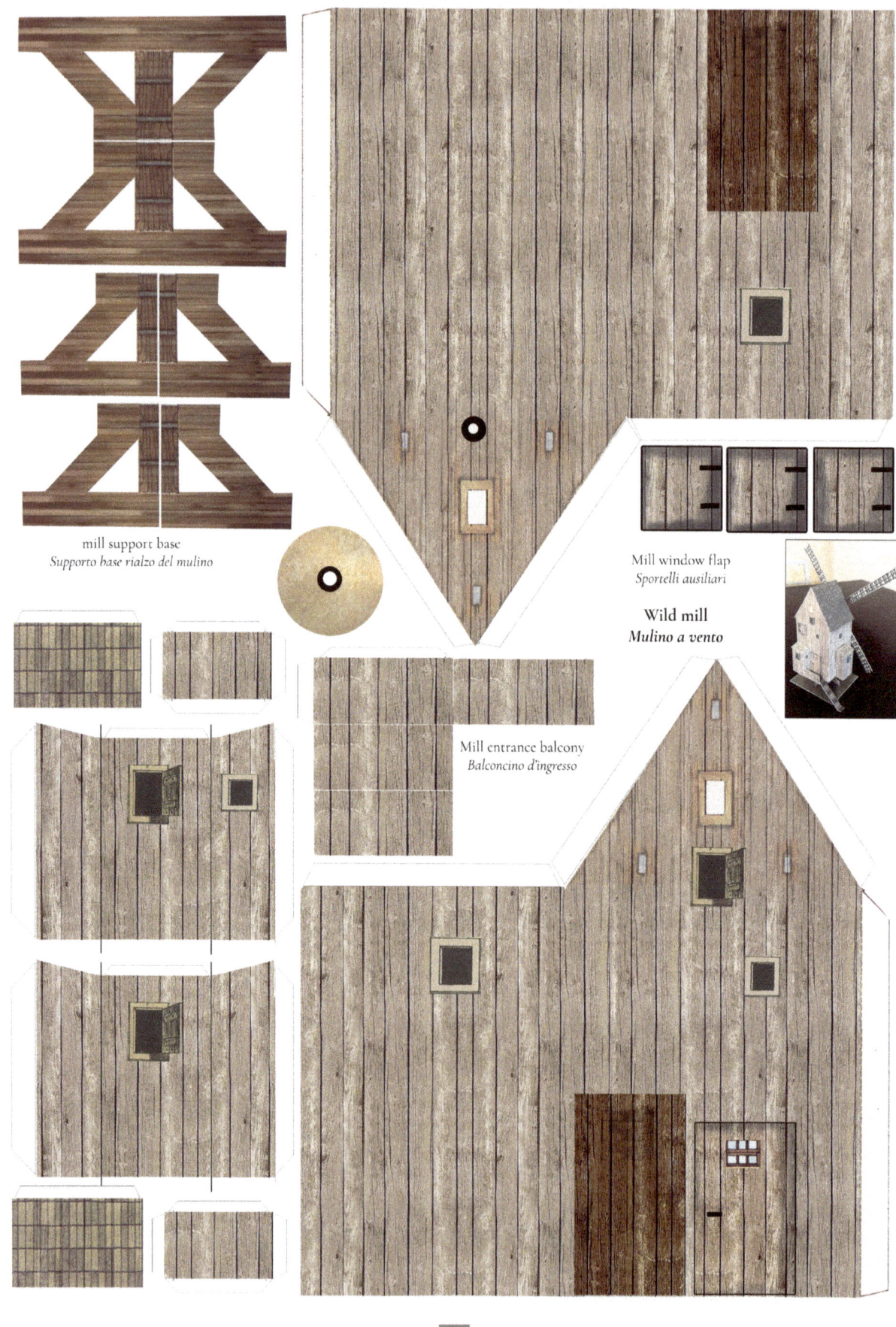

mill support base
Supporto base rialzo del mulino

Mill window flap
Sportelli ausiliari

Wild mill
Mulino a vento

Mill entrance balcony
Balconcino d'ingresso

Blades
of the mill
*Pale e supporto
del mulino*

Mild will part II
Mulini a vento 2a parte

Wild mill roof
Tetto del mulino

Wild mill floor
Fondo del mulino

Wooden staircase
Scala di legno

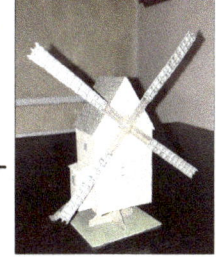

Artillery gabion
Gabbione d'artiglieria

41

SCENERIES FOR THE THIRTY YEARS WAR 1618-1648
SCENARI PER LA GUERRA DEI 30 ANNI 1618-1648

SCENERY FOR THE BATTLE OF THE WHITE MOUNTAIN 8TH OF NOVEMBER OF 1620

Initial disposition of the battle of White Mountain

Imperial troops

On the left the troops of Tilly were so arranged:

Cavalry: BC=Cossacks Polish 400. AC=Herzelles cuirassers (Wurzburg) 350. X= Eynatten cuirassers (Colonia) 400. W=Cavalry Marcossay (Lorena) 350. Z=Bonninghausen Cuirassers (Westphalia) 400. V=Cavalry Cratz (Bavaria) 300. Y=Cavalry Papphenheim (Bavaria) 300.

Infantry: U=Regg. Schmidt-Rouville (Austria) 2000. R=Regg. Floreinville (Lorena) 1500. T=Regg. Herliberg (Bavaria) 1250. Q=Regg. Bauer (Wurzburg) 1250. S=Regg. Hasslang-Sulz (Bavaria) 2000.

Total: 8000 infantrymen, 2500 cavalrymen and 8 cannons.

On the right the troops of Bucquoy were so disposed:

Cavalry: I=Dragoons Areyzaga Walloons 200. H=Dragoons La Croix imperial 300. J=Dragoons Meggau (Austria) 300. G=Dragoons Gauchier Walloons 500. F=Cossacks Polish 400. K=Cuirassers Wallenstein Lamotte Walloons 400. L=Dragoons Lobel German 400. M=Cuirassers Marradas (Spain) 200. N=Harquebusier at horseDampierre Walloons 300. P=Dragoons Montecuccoli German 300. O=Dragoons Histerle German 300.

Infantry: A=Regg. Verdugo tercio Flemish vallone 3000 B=Regg. Breuner-Tiefenbach German 1800.

C=Regg. Spinelli (Napoli) 2500. D=Regg. Saxon-Nassau vallone 2200 AND=Regg. Fugger tercio vallone 1500

Total: 11.000 infantrymen, 3600 cavalrymen and 4 cannons.

Total imperial forces: 19.000 infantrymen, 6.100 cavalrymen and 12 cannons for a total of 25.000 men.

SCENARIO PER LA BATTAGLIA DELLA MONTAGNA BIANCA 8 NOVEMBRE 1620

Disposizioni iniziali alla battaglia della Montagna Bianca

Truppe imperiali

A sinistra le truppe della Lega del Tilly così disposte:

Cavalleria: BC=Cosacchi polacchi 400. AC=Herzelles corazzieri (Wurzburg) 350. X= Eynatten corazzieri (Colonia) 400. W=Cavalleria Marcossay (Lorena) 350. Z=Bonninghausen Corazzieri (Westphalia) 400. V=Cavalleria Cratz (Baviera) 300. Y=Cavalleria Papphenheim (Baviera) 300.

Fanteria: U=Regg. Schmidt-Rouville (Austria) 2000. R=Regg. Floreinville (Lorena) 1500. T=Regg. Herliberg (Baviera) 1250. Q=Regg. Bauer (Wurzburg) 1250. S=Regg. Hasslang-Sulz (Baviera) 2000.

Totale: 8000 fanti, 2500 cavalieri e 8 cannoni.

A destra le truppe del Bucquoy cos. disposte:

Cavalleria: I=Dragoni Areyzaga valloni 200. H=Dragoni La Croix imperiali 300. J=Dragoni Meggau (Austria) 300. G=Dragoni Gauchier valloni 500. F=Cosacchi polacchi 400. K=Corazzieri Wallenstein Lamotte valloni 400. L=Dragoni Lobel tedeschi 400. M=Corazzieri Marradas (Spagna) 200. N=Archibugieri a cavallo Dampierre valloni 300. P=Dragoni Montecuccoli tedeschi 300. O=Dragoni Histerle tedeschi 300.

Fanteria: A=Regg. Verdugo tercio fiammingo vallone 3000 B=Regg. Breuner-Tiefenbach tedesco 1800. C=Regg. Spinelli (Napoli) 2500. D=Regg. Saxon-Nassau vallone 2200 E=Regg. Fugger tercio vallone 1500

Totale: 11.000 fanti, 3600 cavalieri e 4 cannoni.

Totale forze imperiali: 19.000 fanti, 6.100 cavalieri e 12 cannoni per complessivi 25.000 uomini.

Palatine-Bohemian army:

Cavalry: 1-2=dragoons avant-garde 500 3=Dragoons Bubna-Solms 550. 4=Cuirassers reali 500. 5=cavalry Hohenlohe Dutch 500 6=Dragoons Hoffkirch (Austria) 350. 7=cavalry Slesia 300. 8=cavalry Styrum German 400. 9=cavalry Kien Moravi 300 10=cavalry Borseda moravi 300. 11=cavalry Jung Anhalt (Boemia) 400. 12=cavalry Stubenvoll moravi 700. 21-25=Hussars di Transilvania 6300.

Infantry: 13=regg. Thurn Bohemian 2200 14=regg Hohenlohe Bohemian 2000 15=regg. Schlick Moravian 2000 16=regg. Kaplir Bohemian 2400 17=regg. Pechmann (Austria) 600 18=regg.

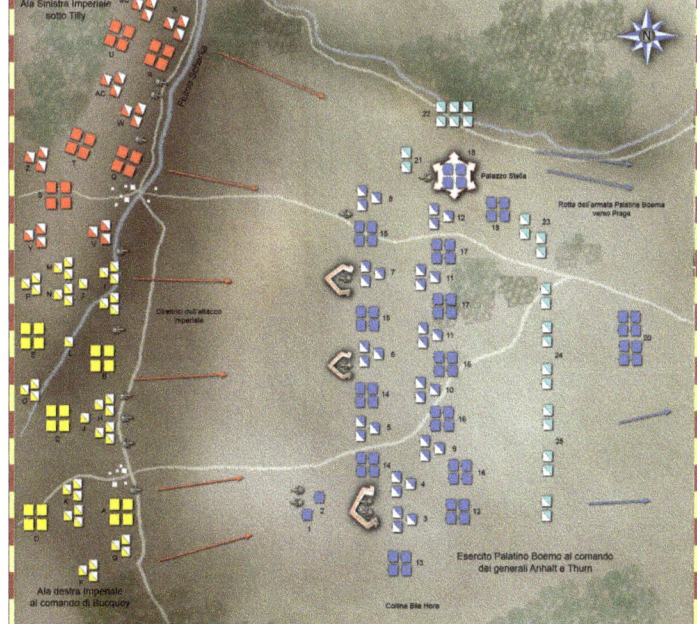

Battaglia della Montagna Bianca, 8 Novembre 1620

0   500   1000

Truppe palatino-boeme:

Cavalleria: 1-2=dragoni in avanguardia 500 3=Dragoni Bubna-Solms 550. 4=Corazzieri reali 500. 5=cavalleria Hohenlohe olandesi 500 6=Dragoni Hoffkirch (Austria) 350. 7=cavalleria Slesia 300. 8=cavalleria Styrum tedeschi 400. 9=cavalleria Kien Moravi 300 10=cavalleria Borseda moravi 300. 11=cavalleria Jung Anhalt (Boemia) 400. 12=cavalleria Stubenvoll moravi 700. 21-25=ussari di Transilvania 6300.

Fanteria: 13=regg. Thurn boemo 2200 14=regg Hohenlohe boemo 2000 15=regg. Schlick moravo 2000 16=regg. Kaplir boemo 2400 17=regg. Pechmann (Austria) 600 18=regg. Sassonia-Wei-

Saxony-Weimar German 600 19=regg. Jung Anhalt German 1000 20=Royal foot Dutch 800.

Total: 11.600 infantrymen, 11.400 cavalrymen and 10 cannons for a total of 23.000 men.

The battlefield

The White Mountain is a low hill about 2/3 km long disposed from north to south, a few kilometers west of Prague Castle. The hill is steeper to the north with gentle slopes to the south. The northern ridge was also reinforced by the presence of a royal palace called Parco Stella with a park (perhaps even a zoo) with high walls. To separate the two sides at the foot of the hill ran a swampy stream, the Scharka, crossed by a single bridge. The Bohemian commander Anhalt decided to settle on top of the hill, leaving a few sentries to control the stream.

He placed the army on three lines. The first, the most advanced, was also protected by a few reduced lines to protect the artillery pieces. Uncommonly the troops are alternately infantry and cavalry (against the trend of the era to put the cavalry on the wings). The second row follows the pattern of the first one. In the third line is placed the mass of the Transylvanian cavalry, which also has detachments to the right wing of the Protestant line-up. In the Stella Park there are two infantry regiments and, finally, behind them all, as an extreme reserve, almost 1,000 Dutch infantrymen. The Catholic side is instead divided into two separate sections, both at the foot of the hill. On the left takes place the army of the Catholic/Bavarian League under the command of Tilly. On two rows with cavalry on the wings with some department in the middle. On the right the largest imperial army of the Bucquoy, arranged in depth on three approximate lines. Again, with the cavalry on the wings, but with some significant horse department placed in the center.

Scenery for the battle of White Mountain 1621

Imperial army Commander: Conte T.Tilly Left side:	Palatine-Bohemian army Commander: Matyas von Thurn
Commander: Tilly 7 Cavalry units (2 stands) 5 Tercios (10 stands, 6 pikemen + 4 muskeeters) **Right side:** Commander: Bucquoy 11 Cavalry units (1 stands) 5 Tercios (10 stands, 6 pikemen + 4 muskeeters)	Commander: Horn, Hanalt 4 muskeeters units (4 stands) 12 Cavalry units (2 stands) 1 Hussars of Transilvania (4 stands) 7 regiments (12 stands, 4 muskeeters + tre pikemen)

SCENERY FOR THE BATTLE OF BREITENFELD 17TH OF SEPTEMBER OF 1631

Initial disposition of the battle of Breitenfeld

Imperial army troops leaded by Tilly were so disposed:
Right wing commanded by Croatian general Egon Von Furstenberg with 1.200 infantrymen and 4.200 cavalrymen.
F1=Regg. Infantry Wangler (IMP German): 1.200 F2=Regg. Cavalry Cronberg (League Cat.): 900 F3= Regg. Cavalry Shonberg (League Cat.): 900 F4= Regg. Cavalry Baumgartner (League Cat.): 500 F5= Regg. Cavalry Cuirassers Alta Saxony (IMP protestanti): 300 F6= Regg. Cavalry Harquebusiers Wengersky (IMP German): 600 F7=Regg. Croatian Isolano (IMP) : 1000

Centre commanded by Shonberg and Tilly with 18.700 infantry-

---

mar tedesco 600 19=regg. Jung Anhalt Tedesco 1000 20=Royal foot olandesi 800.

Totale: 11.600 fanti, 11.400 cavalieri e 10 cannoni per complessivi 23.000 uomini.

Il campo di battaglia

La Montagna Bianca è una bassa collina lunga circa 2/3 chilometri disposta da nord a sud, a pochi chilometri ad ovest del castello di Praga. La collina è maggiormente scoscesa a nord con i declivi più gentili a sud. Il crinale a nord era inoltre rafforzato dalla presenza di un palazzo reale detto Parco Stella dotato di un parco (forse anche uno zoo) con alte mura. A separare i due schieramenti ai piedi della collina correva un paludoso torrente, lo Scharka attraversato da un solo ponte. Il comandante boemo Anhalt decise di sistemarsi sulla cima della collina, lasciando poche sentinelle a controllare il torrente.

Sistema l'armata su tre linee. La prima, la più avanzata, è anche protetta da alcune ridotte in terrapieno a proteggere i pezzi d'artiglieria. Le truppe sono alternativamente di fanteria e cavalleria (contro la moda dell'epoca di sistemare la cavalleria sulle ali). La seconda fila ricalca lo schema della prima. Nella terza fila è sistemata la massa della cavalleria transilvana, che ha anche distaccamenti all'ala destra dello schieramento protestante. Nel parco Stella vi sono due reggimenti di fanteria, e per finire dietro tutti, come estrema riserva quasi 1.000 fanti olandesi.

Lo schieramento cattolico è invece diviso in due tronconi separati, entrambi ai piedi della collina. Sulla sinistra prende posto l'esercito della lega cattolica al comando del Tilly. Su due fila con cavalleria alle ali. Sulla destra l'armata imperiale del Bucquoy più numerosa, disposta in profondità su tre linee approssimative. Anche in questo caso con la cavalleria alle ali, ma con qualche significativo reparto a cavallo sistemato al centro.

Scenario battaglia della Montagna bianca 1621

Esercito imperiale Comandante gen-: Conte T.Tilly Ala sinistra:	Esercito Boemo palatino Comandante generale :Matteo von Thurn
Comandante: Tilly 7 unità di cavalleria (2 gruppi cad.) 5 Tercios (10 gruppi ciascuno, 6 picchieri + 4 moschettieri) **Ala destra:** Comandante: Bucquoy 11 unità di cavalleria (1 gruppi cad.) 5 Tercios (10 gruppi ciascuno, 6 picchieri + 4 moschettieri)	Comandante: Horn, Hanalt 4 unità moschettieri (4 gruppi ciascuna) 12 unità di cavalleria (2 gruppi ciascuna) 1 ussari di Transilvania (4 gruppi) 7 reggimenti (12 gruppi ciascuno, 4 moschettieri + tre picchieri)

SCENARIO PER LA BATTAGLIA DI BREITENFLED 17 SETTEMBRE 1631

Disposizioni iniziali alla battaglia di Breitenfeld

Truppe dell'esercito Imperiale: al comando del generale Tilly cosi disposte: Ala destra al comando del generale Egon Von Furstenberg con 1.200 fanti e 4.200 cavalieri.
F1=Regg. Fanteria Wangler (IMP tedesco): 1.200 F2=Regg. Cavalleria Cronberg (Lega Cat.): 900 F3= Regg. Cavalleria Shonberg (Lega Cat.): 900 F4= Regg. Cavalleria Baumgartner (Lega Cat.): 500 F5= Regg. Cavalleria Corazzieri Alta Sassonia (IMP protestanti): 300 F6= Regg. Cavalleria Archibugieri Wengersky (IMP tedesco): 600 F7=Regg. Croato Isolano (IMP) : 1000

Centro al comando di Shonberg e Tilly con 18.700 fanti, 2.000

men, 2.000 cavalrymen and 26 cannons

T8=Regg. Infantry Chiesa (IMP German from Italy): 1000 T9= Regg. Infantry Gallas (IMP German from Italy): 900 T10= Regg. Fant. Furstenberg (IMP German): 1100 T11= Regg. Infantry Baldiron (IMP Spanish from Italy): 1100 T12= Regg. Infantry Alt Tilly (League Cattolica Wurzburg): 2200 T13= Regg. Fant. Geelen (League Cat. Bavaria): 2000 T14= Regg. Infantry Savelli (IMP German): 900 T15= Regg. Infantry Goess (IMP German): 900 T16= Regg. Infantry Blankhart (League Cattolica Westfalia): 2000 T17= Regg. Infantry Grotta (League Cat.): 2000 T18= Regg. Fant. Pappenheim (League Cat.): 2400 T19= Regg. Infantry Wahl (League Cat.): 2200 T20= Regg. Cavalry Erwitte (League Cat.): 600 T21= Regg. Cavalry Montecuccoli Cuirassers (IMP German): 300 T22= Regg. Cavalry Coronini Harquebusiers (IMP German): 400

T23= Regg. Cavalry Cafarelli Harquebusiers (IMP Spanish): 300 T24= Regg. Cavalry Colloredo Harquebusiers (IMP German): 400 Left wing commanded by general Pappenheim with 1.500 infantrymen and 3.800 cavalrymen

P25= Regg. Fant. Furstenberg (IMP German): 1500 P26= Regg. Cavalry Strozzi cuirassers (IMP Walloons): 500 P27= Regg. Cavalry Neu Saxon cuirassers (IMP German): 600 P28= Regg. Cavalry Bernstein cuirassers (IMP German): 400 P29= Regg. Cavalry Rangoni cuirassers (IMP German): 500 P30= Regg. Cavalry Piccolomini cuirassers (IMP German): 500 P31= Regg. Cavalry Merode Harquebusiers (IMP Spanish): 500 P32= Regg. Cavalry Piccolomini Harquebusiers (IMP German): 800

Total imperial Catholic forces: 21.400 infantrymen, 10.000 cavalrymen and 26 cannons for a total of 31.400 men. The cannons were: 12 heavy, 5 colubrine and 9 light guns.

Swedish and Saxon troops leaded by King Gustav Adolf were so disposed: Right wing commanded by King Gustav Adolf and J.Baner with 900 infantrymen and 4.100 cavalrymen

B1=Regg. Cavalry Stalhansk (Finnes): 350 B2=Regg. Cavalry Wunsch (Finnes): 350 B3=Regg. Cavalry Tott (German): 800 B4=Regg. Cavalry Soop (Swedish) 400 B5=Regg. Cavalry Smaland (Swedish): 400 B6=Regg. Cavalry Sperreuter (Swedish): 150 B7=Regg. Cavalry Rhinegrave (German): 700 B8=Regg. Cavalry Aderkas (Livonia): 300 B9=Regg. Cavalry Domhoff (Kurland): 200 B10=Regg. Cavalry Damitz (German): 150 B11=Regg. Cavalry Sperreuter (German): 300 B12=Detachment muskeeters Baner: 900

Centre commanded by Horn and Teuffel with 13.850 infantrymen, 3.950 cavalrymen and 54 cannons

H13=Brigade yellow Teuffel German: 1700 H14=Brigade

cavalieri e 26 cannoni

T8=Regg. Fanteria Chiesa (IMP tedeschi dall'Italia): 1000 T9= Regg. Fanteria Gallas (IMP tedeschi dall'Italia): 900 T10= Regg. Fant. Furstenberg (IMP tedeschi): 1100 T11= Regg. Fanteria Baldiron (IMP spagnoli dall'Italia): 1100 T12= Regg. Fanteria Alt Tilly (Lega Cattolica Wurzburg): 2200 T13= Regg. Fant. Geelen (Lega Cat. Baviera): 2000 T14= Regg. Fanteria Savelli (IMP tedeschi): 900 T15= Regg. Fanteria Goess (IMP tedeschi): 900 T16= Regg. Fanteria Blankhart (Lega Cattolica Westfalia): 2000 T17= Regg. Fanteria Grotta (Lega Cat.): 2000 T18= Regg. Fant. Pappenheim (Lega Cat.): 2400 T19= Regg. Fanteria Wahl (Lega Cat.): 2200 T20= Regg. Cavalleria Erwitte (Lega Cat.): 600 T21= Regg. Cavalleria Montecuccoli Corazzieri (IMP tedeschi): 300 T22= Regg. Cavalleria Coronini Archibugieri (IMP tedeschi): 400

T23= Regg. Cavalleria Cafarelli Archibugieri (IMP spagnoli): 300 T24= Regg. Cavalleria Colloredo Archibugieri (IMP tedeschi): 400 Ala sinistra al comando del generale Pappenheim con 1.500 fanti e 3.800 cavalieri

P25= Regg. Fant. Furstenberg (IMP tedeschi): 1500 P26= Regg. Cavalleria Strozzi corazzieri (IMP valloni): 500 P27= Regg. Cavalleria Neu Saxon corazzieri (IMP tedeschi): 600 P28= Regg. Cavalleria Bernstein corazzieri (IMP tedeschi): 400 P29= Regg. Cavalleria Rangoni corazzieri (IMP tedeschi): 500 P30= Regg. Cavalleria Piccolomini corazzieri (IMP tedeschi): 500 P31= Regg. Cavalleria Merode archibugieri (IMP spagnoli): 500 P32= Regg. Cavalleria Piccolomini archibugieri (IMP tedeschi): 800

Totale forze cattolico-imperiali: 21.400 fanti, 10.000 cavalieri e 26 cannoni per complessivi 31.400 uomini. I cannoni erano del tipo: 12 pesanti, 5 colubrine e 9 cannoncini.

Truppe Svedesi e sassoni: al comando del Re Gustavo Adolfo di Svezia cos. disposte: Ala destra al comando di Gustavo Adolfo e J. Baner con 900 fanti e 4.100 cavalieri

B1=Regg. Cavalleria Stalhansk (Finnici): 350 B2=Regg. Cavalleria Wunsch (Finnici): 350 B3=Regg. Cavalleria Tott (Tedeschi): 800 B4=Regg. Cavalleria Soop (Svedesi) 400 B5=Regg. Cavalleria Smaland (Svedesi): 400 B6=Regg. Cavalleria Sperreuter (Svedesi): 150 B7=Regg. Cavalleria Rhinegrave (Tedeschi): 700 B8=Regg. Cavalleria Aderkas (Livonia): 300 B9=Regg. Cavalleria Domhoff (Kurland): 200 B10=Regg. Cavalleria Damitz (Tedeschi): 150 B11=Regg. Cavalleria Sperreuter (Tedeschi): 300 B12=Distaccamenti moschettieri Baner: 900

Centro al comando di Horn e Teuffel con 13.850 fanti, 3.950 cavalieri e 54 cannoni

H13=Brigata Gialla Teuffel tedeschi: 1700 H14=Brigata Oxenstierna svedesi: 1400

Oxenstierna Swedish: 1400 H15=Brigade red Hand Swedish-German: 1750 H16=Brigade Blu Winckel German: 1800 H17=Brigade Black Thurn German: 1900 H18=Brigade Green Hepburn Scottish: 2200 H19=Brigade white Vitzthum German: 1200 H20=dist. muskeeters Ramsay Scottish: 350 H21=dist. muskeeters Monro German: 400 H22=dist. muskeeters Hamilton Scottish: 250 H23=Regg. Cavalry Ortenburg German: 500 H24=Regg. Cavalry Kochtistky German: 300 H25=Regg. Cavalry Schaffmann German: 400 H26= detachment muskeeters Wildenstein German: 400 H27= dist. muskeeters Oxenstierna Swedish: 300 H28= dist. muskeeters Hand Swedish: 300 H29=Regg. Cavalry Caldenbach German: 650 H30=Regg. Cavalry Baudissin German: 600 H31=Regg. Cavalry Effern-Hall German: 800 H32=Regg. Cavalry Courville German: 250 H33=Regg. Cav. Dragoons Taupadel German: 450

Left wing: Saxon army commanded by general Arnim and Giovanni Giorgio from Saxony with 12.150 infantrymen, 5.200 cavalrymen and 12 cannons

S34=Regg. Infantry Schwalbach: 2200 S35=Regg. Infantry Starschedel: 2200 S36=Regg. Infantry Loser: 2200 S37=Regg. Infantry Arnim: 2200 S38=Regg. Infantry Klitzing: 2200 S39=Other detachment: 1150 S40=Regg. Cavalry Taube Leib: 600 S41=Regg. Cavalry Arnim Leib: 200 S42=Horse militia Loser and Pflugh: 1500 S43=Regg. Cavalry Sax Altenburg: 1200 S44=Regg. Cavalry Bindauf: 1200 S45=Regg. Cavalry Steinau: 500

Total Swedish and Saxon forces: 26.900 infantrymen, 13.250 cavalrymen and 66 cannons for a total of 40.150 men.

The battlefield

The front of the imperial army was extended for about 4 kilometers disposed from east to west and placed south of the enemy troops. Just below the center of the deployment there was a dense thicket called Linkelwald. Between the right wing and the centre stood a small hill called the hill of the gallows, at the top of which were placed three large Infantry Tercets. Behind them the city of Leipzig, just a few kilometres away from the village of Breitenfeld, to the left of the line-up. A series of fan-shaped streets crossed the battlefield. The Protestant troops were just a little longer lined up, with the Saxons occupying the entire right wing behind the town of Gobscheiwitz. Behind the Swedish army were the towns of Duben to the north and Halle to the northwest. A small stream crossed the Swedish centre.

Scenery battle of Breitenfeld 1631

Imperial army Commander: Count T.Tilly	Swedish-Saxon army Commander: King Gustav Adolph
Left side: Commander: Pappenheim 5 Cavalry units (3 stands)	**Left side:** Commander: Horn 4 muskeeters units (4 stands) 4 Cavalry units (3 stands)
Centro: Commander: Wilhelm 17 Tercios (10 stands, 6 pikemen + 4 muskeeters)	**Centro:** Commander: Torstenson 12 battalions (7 stands, 4 muskeeters + tre pikemen)
Right side: Commander: Fürstenberg 4 Cavalry units (3 stands)	**Right side:** Commander: Baner 5 muskeeters units (4 stands) 5 Cavalry units (3 stands)

H15=Brigata Rossa Hand svedesi-tedeschi: 1750 H16=Brigata Blu Winckel tedeschi: 1800 H17=Brigata Nera Thurn tedeschi: 1900 H18=Brigata Verde Hepburn scozzesi: 2200 H19=Brigata Bianca Vitzthum tedeschi: 1200 H20=dist. moschettieri Ramsay scozzesi: 350 H21=dist. moschettieri Monro tedeschi: 400 H22=dist. mosch. Hamilton scozzesi: 250 H23=Regg. Cavalleria Ortenburg tedeschi: 500 H24=Regg. Cavalleria Kochtistky tedeschi: 300 H25=Regg. Cavalleria Schaffmann tedeschi: 400 H26= distaccamento mosch. Wildenstein tedeschi: 400 H27= dist. mosch. Oxenstierna svedesi: 300 H28= dist. mosch. Hand svedesi: 300 H29=Regg. Cavalleria Caldenbach tedeschi: 650 H30=Regg. Cavalleria Baudissin tedeschi: 600 H31=Regg. Cavalleria Effern-Hall tedeschi: 800 H32=Regg. Cavalleria Courville tedeschi: 250 H33=Regg. Cav. Dragoni Taupadel tedeschi: 450

Ala sinistra: esercito sassone al comando del generale Arnim e Giovanni Giorgio di Sassonia con 12.150 fanti e 5.200 cavalieri e 12 cannoni

S34=Regg. Fanteria Schwalbach: 2200 S35=Regg. Fanteria Starschedel: 2200 S36=Regg. Fanteria Loser: 2200 S37=Regg. Fanteria Arnim: 2200 S38=Regg. Fanteria Klitzing: 2200 S39=Altri distaccamenti : 1150 S40=Regg. Cavalleria Taube Leib: 600 S41=Regg. Cavalleria Arnim Leib: 200 S42=Milizia a cavallo Loser e Pflugh: 1500 S43=Regg. Cavalleria Sax Altenburg: 1200 S44=Regg. Cavalleria Bindauf: 1200 S45=Regg. Cavalleria Steinau: 500

Totale Forze Svedesi e Sassoni: 26.900 fanti, 13.250 cavalieri e 66 cannoni per complessivi 40.150 uomini.

Il campo di battaglia

Il fronte dell'armata imperiale era esteso per circa 4 Km disposto da Est ad Ovest e piazzato a Sud delle truppe nemiche. Poco sotto al centro vi era una fitta boscaglia chiamata Linkelwald. Fra l'ala destra ed il centro stava invece una piccola altura chiamata la collina della forca, in cima alla quale si sistemarono tre grossi Tercio di fanteria. Alle loro spalle la città di Lipsia posta a pochi chilometri, il villaggio di Breitenfeld era alla sinistra dello schieramento. Il campo di battaglia era attraversato da strade disposte a ventaglio. Le truppe protestanti presentavano uno schieramento appena più lungo, con i sassoni che occuparono l'intera ala destra a ridosso della cittadina di Gobscheiwitz. Alle spalle dell'esercito svedese si trovavano le città di Duben e Halle a Nord Ovest. Un piccolo torrente attraversava il centro svedese.

Scenario battaglia di Breitenfeld 1631

Esercito imperiale Comandante generale: Conte T.Tilly	Esercito svedese-sassone Comandante generale :Re Gustavo Adolfo
Ala sinistra: Comandante: Pappenheim 5 unità di cavalleria (3 gruppi ciascuna)	**Ala sinistra:** Comandante: Horn 4 unità moschettieri (4 gruppi cad.) 4 unità di cavalleria (3 gruppi cad.)
Centro: Comandante: Wilhelm 17 Tercios (10 gruppi ciascuno, 6 picchieri + 4 moschettieri)	**Centro:** Comandante: Torstenson 12 battaglioni (7 gruppi ciascuno, 4 moschettieri + tre picchieri)
Ala destra: Comandante: Furstenberg 4 unità di cavalleria (3 gruppi ciascuna)	**Ala destra:** Comandante: Baner 5 unità di moschettieri (4 gruppi cad) 5 unità di cavalleria (3 gruppi cad.)

Initial disposition for the battle of Lutzen

Imperial army troops commanded by general Wallenstein were so disposed:

Infantry W1=Regg. Infantry Trcka (IMP German): 800 W2=Regg. Infantry Kehraus (IMP German): 1.200 W3= Regg. Fant. Comargo (League German): 800 W4= Regg. Infantry Grana (IMP German): 1.000 W5= Regg. Fant. B.Waldstein (IMP German): 1.500 W6= Regg. Fant. Alt Saxe (IMP German): 800 W7=Regg. Infantry Colloredo (IMP Bohemian): 700 W8= Regg. Infantry Baden (IMP German): 500 W9= Regg. Fant. Jung Breuner (IMP German): 1.000 W10= Regg. Fant. Alt Breuner (IMP German): 500 W11= Regg. Fant. Mansfeld (IMP German): 800 W12= Regg. Infantry Thun (IMP German): 150 W13= Regg. Infantry Reinach (League German): 150

Cavalry IC1= Regg. Cavalry Isolano (Croatian): 900 IC2= Regg. Cav. Hagen (IMP German.): 800 IC3= Regg. Cuirassers Holk (IMP German.): 250 IC4= Regg. Cuirassers Trcka (IMP German.): 900 IC5= Regg. Cor.Piccolomini (IMP Tuscan.): 500 IC6= Regg. Cuirassers Gotz (IMP German.): 400 IC7= Regg. Corazz. Hatzfeld (IMP Saxon.): 600 IC8= Regg. Corazz. Desfurs (IMP German.): 300 IC9= Regg. Cuirassers Lohe (IMP German.): 250 IC10= Regg. Cor. Westfalia (IMP German.): 750 IC11= Regg. Cav. Leittersheim (IMP German): 500 IC12= Regg. Cav. Loyers (IMP German): 200 IC13= Regg. Cav. Westrumb (IMP German): 100 IC14= Regg. Cav. Tontinelli (League German) 200 IC15= Regg. Cav.Goschutz (IMP German) 250.

General Pappenheim troops came at midday and later on P1= Regg. Infantry Gil de Haas (IMP Walloons): 500 P2= Regg. Infantry Goltz (IMP German): 500 P3= Regg. Inf. Pallant (IMP Walloons): 500 P4= Regg. Infantry Moriame (IMP Walloons): 500 P5= Regg. Inf. Reinach (League German): 700 P6= Regg. Cuirassers Bredow (IMP German): 300 P7= Regg. C. Bonninghausen (IMP German): 500 P8= Regg. Cuirassers Sparr (IMP German): 300 P9= Regg. Cavalry Lamboy (IMP German): 250 P10= Regg. Cavalry Merode (IMP Walloons): 100 P11= Regg. C. Pappenheim leib (League German): 100 P12= Regg. Croatian Batthiani 200 P13= Regg. Croatian Forgach 100 P14= Regg. Croatian Orossy 450

Total imperial Catholic forces: 9.900 infantrymen, 6.900 cavalrymen. and 38 cannons for a total of 16.800 men. Pappenheim troops were composed by 2.700 infantrymen and 2.300 cavalrymen, for a total of 21.800 men

Swedish and Saxon troops commanded by King Gustav Adolf of Sweden wew so disposed:

Infantry on eight brigades

SS1=Regg. Fant. Kyle Brigade (Swedish) : 828 SS2=Regg. Fant.Hair Brigade (Swedish) : 543 SS3=Regg. Fant. Hastfer bri. (Finnes) : 204 SG4=Regg. Fant. Leib Brigade yellow (German) :950 SG5=Regg. Fant. Brahe bri. yellow (German) : 1126 SB6=Regg. Fant. Winckel brig. blu (German) : 1110 SV7=Reggimento Infantry Bernhard Brigade green (Saxony Weimar) : 748 SV8=Regg. Fant. Leslie brig. green (Scottish) : 576 SV9=Regg. Fant. Wildenstein Brigade green: 712 SW10=Regg. Fant. Bose Brigade Bose (Saxon): 792 SW11=Regg. Infantry Wilhelm Leib Brigade Bose (Saxony Weimar) : 496 SW12=Regg. Fant. Pforte Brigade Bose (Saxon): 438 SK13=Regg. Fant. brig. Knyphausen (German): 1120 ST14=Regg. Fant. Thurn brig. black (German): 480 ST15=Regg. Fant. Isenburg brig. black (German): 270 ST16=Reggimento Infantry Hesse Leib Brigade black (Assia Kassel) : 502 SM17=Regg. Infantry brig. Motzlaff

---

Disposizioni iniziali alla battaglia di Lutzen

Truppe dell'esercito Imperiale: al comando del generale Wallenstein cosi disposte:

La Fanteria W1=Regg. Fanteria Trcka (IMP tedesco): 800 W2=Regg. Fanteria Kehraus (IMP tedesco): 1.200 W3= Regg. Fant. Comargo (Lega tedeschi): 800 W4= Regg. Fanteria Grana (IMP tedesco): 1.000 W5= Regg. Fant. B.Waldstein (IMP tedesco): 1.500 W6= Regg. Fant. Alt Saxe (IMP tedesco): 800 W7=Regg. Fanteria Colloredo (IMP boemi): 700 W8= Regg. Fanteria Baden (IMP tedesco): 500 W9= Regg. Fant. Jung Breuner (IMP tedesco): 1.000 W10= Regg. Fant. Alt Breuner (IMP tedesco): 500 W11= Regg. Fant. Mansfeld (IMP tedesco): 800 W12= Regg. Fanteria Thun (IMP tedesco): 150 W13= Regg. Fanteria Reinach (Lega tedeschi): 150

La Cavalleria IC1= Regg. Cavalleria Isolano (Croati): 900 IC2= Regg. Cav. Hagen (IMP tedeschi.): 800 IC3= Regg. Corazzieri Holk (IMP tedeschi.): 250 IC4= Regg. Corazzieri Trcka (IMP tedeschi.): 900 IC5= Regg. Cor.Piccolomini (IMP toscani.): 500 IC6= Regg. Corazzieri Gotz (IMP tedesco): 400 IC7= Regg. Corazz. Hatzfeld (IMP sassoni.): 600 IC8= Regg. Corazz. Desfurs (IMP tedeschi.): 300 IC9= Regg. Corazzieri Lohe (IMP tedeschi.): 250 IC10= Regg. Cor. Westfalia (IMP tedeschi.): 750 IC11= Regg. Cav. Leittersheim (IMP tedeschi.): 500 IC12= Regg. Cav. Loyers (IMP tedeschi.): 200 IC13= Regg. Cav. Westrumb (IMP tedeschi.): 100 IC14= Regg. Cav. Tontinelli (Lega tedeschi) 200 IC15= Regg. Cav.Goschutz (IMP tedeschi) 250

Truppe del generale Pappenheim arrivate a metà e a fine giornata P1= Regg. Fanteria Gil de Haas (IMP valloni): 500 P2= Regg. Fanteria Goltz (IMP tedeschi): 500 P3= Regg. Fanteria Pallant (IMP valloni): 500 P4= Regg. Fanteria Moriame (IMP valloni): 500 P5= Regg. Fanteria Reinach (Lega tedeschi): 700 P6= Regg. Corazzieri Bredow (IMP tedeschi): 300 P7= Regg. C. Bonninghausen (IMP tedeschi): 500 P8= Regg. Corazzieri Sparr (IMP tedeschi): 300 P9= Regg. Cavalleria Lamboy (IMP tedeschi): 250 P10= Regg. Cavalleria Merode (IMP valloni): 100 P11= Regg. C. Pappenheim leib (Lega tedeschi): 100 P12= Regg. Croati Batthiani 200 P13= Regg. Croati Forgach 100 P14= Regg. Croati Orossy 450

Totale forze cattolico-imperiali: 9.900 fanti, 6.900 cavalieri. e 38 cannoni per un'armata di complessivi 16.800 uomini. Le truppe del Pappenheim ammontavano a 2.700 fanti e 2.300 cavalieri. Il totale generale era di 21.800 uomini.

Truppe Svedesi e sassoni: al comando del Re Gustavo Adolfo di Svezia cos. disposte:

La fanteria su otto brigate

SS1=Regg. Fant. Kyle brigata svedese (svedesi) : 828 SS2=Regg. Fant.Hair brigata svedese (svedesi) : 543 SS3=Regg. Fant. Hastfer bri. svedese (finnici) : 204 SG4=Regg. Fant. Leib brigata gialla (tedeschi) :950 SG5=Regg. Fant. Brahe bri. gialla (tedeschi) : 1126 SB6=Regg. Fant. Winckel brig. blu (tedeschi) : 1110 SV7=Reggimento Fanteria Bernhard brigata verde (Sassonia Weimar) : 748 SV8=Regg. Fant. Leslie brig. verde (scozzesi) : 576 SV9=Regg. Fant. Wildenstein brigata verde: 712 SW10=Regg. Fant. Bose brigata Bose (sassoni): 792 SW11=Regg. Fanteria Wilhelm Leib brigata Bose (Sassonia Weimar) : 496 SW12=Regg. Fant. Pforte brigata Bose (sassoni): 438 SK13=Regg. Fant. brig. Knyphausen (tedeschi): 1120 ST14=Regg. Fant. Thurn brig. nera (tedeschi): 480 ST15=Regg. Fant. Isenburg brig. nera (tedeschi): 270 ST16=Regg. Fanteria Hesse Leib brigata nera (As-

(German): 682 SM18=Reggimento Infantry Gersdorf Brigade Motzlaff (German) : 522 SM19=Reggimento Infantry Rosen Brigade Motzlaff (German): 630

Infantry of field support: S20= Regg. Infantry Henderson (Scottish) : 228 S21= Regg. Infantry Lowenstein (German) : 684 S22= Regg. Infantry Brandestein (German) : 246 S23= Regg. Infantry Vitzthum (Saxon) : 286 S24= Regg. Infantry Erbach (German) : 258 S25= Regg. Infantry T.Uslar (German) : 324.

Cavalry CS1= Regg. Cavalry Stalhansk (Finnes): 500 CS2= Regg. Cavalry Soop (Swedish): 400 CS3= Regg. Cavalry Sack (Swedish): 200 CS4= Regg. Cavalry Silversparre (Swedish): 250 CS5= Regg. Cavalry Sperreuter (Swedish): 100 CS6= Regg. Cavalry Stenbock (Swedish): 400 CT7= Reggimento Cavalry Wilhelm Leib (Saxony Weimar): 120 CT8= Regg. Cavalry Goldstein (German): 150 CT9= Regg. Cavalry Bulach (German): 120 CT10= Regg. Cav. Beckermann (German): 150 CT11= Regg. Cav. Hesse Leib (Assia Kassel): 180 CT12= Regg. Cavalry T.Uslar (German): 210 CT13= Regg. Cavalry Bernhard (German Saxony Weimar): 500 CT14= Regg. Cavalry Carberg (German): 220 CS15= Regg. Cav. Domhoff (Baltici Curlandia): 220 CS16= Regg. Cav. Tiesenhausen (Baltici Livonia): 300 CT17= Regg. Cavalry Courville (German): 300 CT18= Regg. Cav, Hoffkirchen (Saxon): 350 CT19= Regg. Cavalry Anhalt (Saxon): 300 CT20= Regg. Cav. Lowenstein (German): 200 CT21= Regg. Cav. Brandenstein (German): 300 CT22= Regg. Cavalry Steinbach (German): 200 CT23= Regg. Cavalry Stechenitz (German): 80 CT24= Regg. Cavalry Ohm (German): 300 CT25= Regg. Cav. Dalwigk (Assia Kassel):150.

Total Swedish and Saxon forces: 13.900 infantrymen, 6.200 cavalrymen and 60 cannons, in total 20.100 men.

The battlefield

The front of the imperial army was extended for about 2.5 kilometers disposed from the north-east to the south-west and placed north of the enemy troops. On their right side there was the town of Lutzen defended by some musketeer battalions. Close to the city there were three huge wooden windmills. In front of the line-up, the road to Leipzig was transformed by the emperors into a practical and effective trench. The troops of Pappenheim will arrive on the battlefield in two steps from the north. First the cavalry (in time to restore a numerical balance between the two enemy armies), and in the evening the infantry with the battle now completed. The Swedish troops and their Saxon and German allies had an array about one kilometer longer. Behind them ran a wide and deep stream called Flossgraben (raft ditch).

Scenery battle of Lutzen 1632

Imperial army Commander: Wallentein	Swedish-Saxon army Commander: King Gustav Adolph
	Right side:
15 Cavalry units (2 stands) 13 Infantry regiments (10 stands, 6 pikemen + 4 muskeeters)	Commander: King Gustav Adolph 12 Cavalry units (1 stands) 7 regiments di fanteria (7 stands, 4 muskeeters + tre pikemen)
	Left side:
Pappenheim corps Commander: Pappenheim 8 Cavalry units (1 stands) 6 Infantry regiments (10 stands, 6 pikemen + 4 muskeeters)	Com. Bernard of Sax-Weimar 13 Cavalry units (1 stands) 11 Infantry regiments (5 stands, 3 muskeeters + due pikemen)
	Reserve:
	Infantry regiments (5 stands, 3 muskeeters + due pikemen)

sia Kassel) : 502 SM17=Regg. Fanteria brig. Motzlaff (tedeschi): 682 SM18=Regg. Fanteria Gersdorf brigata Motzlaff (tedeschi) : 522 SM19=Regg. Fanteria Rosen brigata Motzlaff (tedeschi): 630

Fanteria di riserva: S20= Regg. Fanteria Henderson (scozzesi) : 228 S21= Regg. Fanteria Lowenstein (tedeschi) : 684 S22= Regg. Fanteria Brandestein (tedeschi) : 246 S23= Regg. Fanteria Vitzthum (sassoni) : 286 S24= Regg. Fanteria Erbach (tedeschi) : 258 S25= Regg. Fanteria T.Uslar (tedeschi) : 324.

La cavalleria CS1= Regg. Cavalleria Stalhansk (finnici): 500 CS2= Regg. Cavalleria Soop (svedesi): 400 CS3= Regg. Cavalleria Sack (svedesi): 200 CS4= Regg. Cavalleria Silversparre (svedesi): 250 CS5= Regg. Cavalleria Sperreuter (svedesi): 100 CS6= Regg. Cavalleria Stenbock (svedesi): 400 CT7= Reggimento Cavalleria Wilhelm Leib (Sassonia Weimar): 120 CT8= Regg. Cavalleria Goldstein (tedeschi): 150 CT9= Regg. Cavalleria Bulach (tedeschi): 120 CT10= Regg. Cav. Beckermann (tedeschi): 150 CT11= Regg. Cav. Hesse Leib (Assia Kassel): 180 CT12= Regg. Cavalleria T.Uslar (tedeschi): 210 CT13= Reggimento Cav. Bernhard (tedeschi Sassonia Weimar): 500 CT14= Regg. Cav. Carberg (tedeschi): 220 CS15= Regg. Cav. Domhoff (Baltici Curlandia): 220 CS16= Regg. Cav. Tiesenhausen (Baltici Livonia): 300 CT17= Regg. Cav. Courville (tedeschi): 300 CT18= Regg. Cav, Hoffkirchen (sassoni): 350 CT19= Regg. Cav. Anhalt (sassoni): 300 CT20= Regg. Cav. Lowenstein (tedeschi): 200 CT21= Regg. Cav. Brandenstein (tedeschi): 300 CT22= Regg. Cav. Steinbach (tedeschi): 200 CT23= Regg. Cav. Stechenitz (tedeschi): 80 CT24= Regg. Cav. Ohm (tedeschi): 300 CT25= Regg. Cav. Dalwigk (Assia Kassel):150.

Totale Forze Svedesi e Sassoni: 13.900 fanti, 6.200 cavalieri e 60 cannoni in totale 20.100 uomini.

Il campo di battaglia

Il fronte dell'armata imperiale era esteso per circa 2,5 chilometri disposto da Nord-Est a Sud-Ovest e piazzato a Nord delle truppe nemiche. Sul loro lato destro vi era la cittadina di Lutzen difesa da alcuni battaglioni di moschettieri. Vicino alla città vi erano tre enormi mulini a vento di legno. Davanti allo schieramento la strada per Lipsia trasformata dagli imperiali in una pratica ed efficace trincea. Le truppe del Pappenheim arriveranno sul campo di battaglia in due scaglioni da nord. Prima la cavalleria (in tempo utile a ripristinare un equilibrio numerico fra le due armate nemiche), e verso sera la fanteria a scontro ormai ultimato. Le truppe svedesi e i loro alleati sassoni e tedeschi presentavano uno schieramento più lungo di circa un chilometro. Alle loro spalle scorreva un largo e fondo torrente chiamato Flossgraben (fosso delle zattere).

Scenario battaglia di Lutzen 1632

Esercito imperiale Comandante: Wallenstein	Esercito svedese-sassone Comandante :Re Gustavo Adolfo
	Ala destra:
15 unità di cavalleria (2 gruppi ciascuna) 13 reggimenti di fanteria (10 gruppi ciascuno, 6 picchieri + 4 moschettieri)	Comandante: Gustavo Adolfo 12 unità di cavalleria (1 gruppi cad) 7 reggimenti di fanteria (7 gruppi cad. 4 moschettieri + tre picchieri)
	Ala sinistra:
Corpo di Pappenheim Comandante: Pappenheim 8 unità di cavalleria (1 gruppi ciascuna) 6 reggimenti di fanteria (10 gruppi ciascuno, 6 picchieri + 4 moschettieri)	Com.Bernardo di Sax-Weimar 13 unità di cavalleria (1 gruppi cad) 11 reggimenti di fanteria (5 gruppi ciascuno, 3 mosch. + due picchieri)
	Riserva:
	5 reggimenti di fanteria (5 gruppi cad. 3 moschettieri + due picchieri)

PAPER BATTLE&DIORAMAS PUBLISHED AND IN WORKING

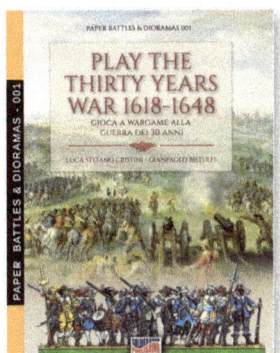

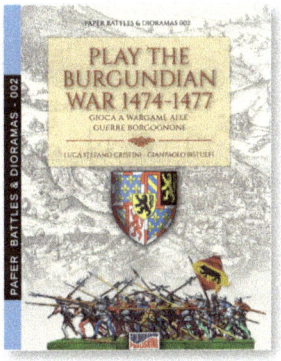

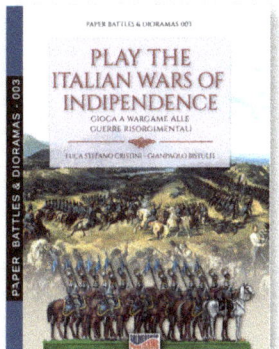

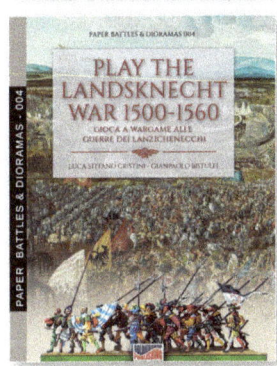

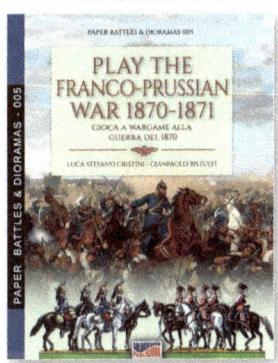

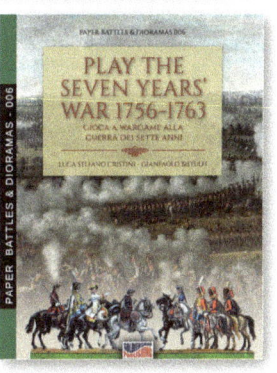

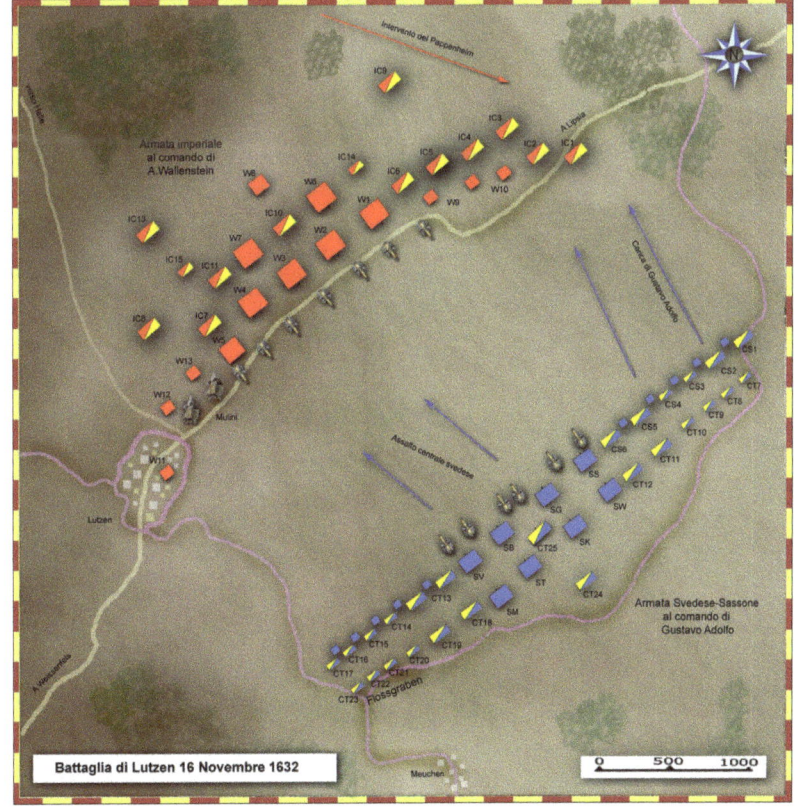